재일조선인에 관한
종합조사 연구

동국대학교 일본학연구소 번역총서

재일조선인에 관한
종합조사 연구

박재일 지음
이지영·박양신 옮김

보고사
BOGOSA

▶ 일러두기

- 원문에서 사용하고 있는 '조선'이라는 용어는 당시의 역사성을 반영하여 그대
  로 번역했다.
- 일본의 연호 표기는 특별한 경우를 제외하고 모두 서력으로 바꾸어 표기했다.
- 원문의 주석은 각 장, 절마다 본문 끝에 일괄해서 붙어 있으나, 번역에서는
  각주로 바꾸고 각 장마다 번호를 새로 매겼다.
- 원문에는 자료 및 참고문헌의 서지사항이 생략되어 있는 경우가 많으나, 옮긴
  이가 이를 보완하여 제시했다. 이 과정에서 발견된 오기(誤記), 오류에 대해
  서도 함께 바로잡았다.

서문

본 연구소는 조선의 사회 경제에 관한 기초적 연구와 시사 분석을 사업의 기본 목적으로 하고 있다. 그것을 위해 본 연구소의 창립에 즈음한 준비의 하나로서 다음과 같은 조사 연구와 자료 수집을 계획했다. (1)재일조선인에 관한 조사 연구, (2)조선전쟁의 분석, (3)조선의 해방 후 정치일지의 작성, (4)생산통계를 중심으로 하는 남북 조선 경제통계의 작성, (5)남북 조선 주요 정치인의 조사. 이 중 우선 재일조선인에 관한 조사가 완료되었으므로, 이에 이 책을 출간하는 바이다.

재일조선인에 관한 조사 연구는 전전(戰前)에는 수십 종을 헤아리고, 전후(戰後)에도 약간의 저서와 논문이 있다. 그러나 아직 이 문제를 과학적인 견지에서 종합적으로 조사 연구하여 체계적으로 해명한 사례는 없다. 아마 이 책이 그러한 시도의 효시가 될 것이다.

전후 10여 년의 세월이 흐른 오늘날, 재일조선인은 큰 수난기를 맞이하여 곤궁한 생활 상태에 대해 무언가 타개책이 강력히 요청되고 있다. 또한 한편으로 조일(朝日) 양국 간 우호의 첫걸음은 국교의 재개나 무역, 어업 문제의 해결에 있는 것이 아니라, 재일조선인의 생활 문제 해결에 있다고도 할 수 있다. 왜냐하면 오늘날 재일조선인이 처해 있는 참상이 일본 사회에서 차갑게 방임되고 있는 상황에서 조일 양 민족의 우호 따위 생겨날 리가 없기 때문이다.

일본 사회에는 재일조선인에 대해 전해 내려온 편견과 오해가 존재하며, 조선인 자신도 자신이 놓여있는 객관적 조건들에 대한 인식이 충분하다고는 할 수 없다. 그렇기 때문에 이 책으로 재일조선인의 실태가 조금이라도 해명되어, 현재 절박하고 급선무인 재일조선인의 생활 문제 해결에 기여하는 바가 크기를 이 책의 출판에 즈음하여 기원하는 바이다. 본 연구소가 창립에 즈음하여 그 준비 작업의 하나로서 재일조선인 문제를 먼저 다룬 이유도 여기에 있다.

이 책은 본 연구소 연구원인 박재일(朴在一)과 니혼(日本)대학 대학원 사회과 이영화(李永華)의 공동 조사를 기초로 하여 박재일이 분석, 기술한 것으로 글의 책임은 박재일에게 있다.

이 책의 조사 연구에 협력해주신 많은 분들께, 특히 헌신적으로 힘써주신 김율(金律), 모리 도시코(森俊子) 씨께 사의를 표한다. 또한 이 책의 출판에 여러 모로 도움을 주신 히토쓰바시(一橋)대학의 아카마쓰 가나메(赤松要) 선생님과 이타가키 요이치(板垣與一) 선생님께 깊이 감사의 말씀을 드린다. 동시에 신기원사(新紀元社) 사야마(佐山) 사장님의 호의에도 감사드린다.

1957년 5월 15일

東京都 練馬郵便局 私書箱 第13號

조선문화연구소

서언

　현재 일본에는 통칭 60만 명, 정확히는 586,646명(1956년 9월 말 현재 외국인등록법에 의거한 등록 수)의 조선인과 약 7, 8만 명의 준(準)조선인이 있다.

　일본에서 조선인의 존재는 이른바 소수민족도 아니고, 일반적 의미의 이민도 아니며, 미국에 있는 흑인과 같은 존재도 아니다. 굳이 말하자면 모세의 '이집트의 유대민족'과 같이 남겨진 민족집단으로서의 존재이다. 현재 조선인은 일본 내에서 일종의 유민(流民) 처지에 있으며 민족수난의 새로운 한 페이지를 쓰고 있다. 한편으로 재일조선인의 존재는 정치정세의 변천과 더불어 주권이 없는 존재로서 국제적인 논쟁의 대상이 되고 있다.

　이와 같은 일본에 있는 조선인의 현 상태는 당연한 결과로서 그 인구수가 의미하는 이상으로 조선인 자신에게도, 일본 국내외에 대해서도 매우 긴요한 문제를 제기하고 있다. 그럼에도 재일조선인의 실태는 오늘날 특정한 입장에서 행하는 단편적인 조사 연구 외에는 거의 밝혀져 있지 않다. 이는 결코 우연이 아니며, 일본 정부가 '점차적, 그리고 단기간 내의 본국 송환'을 조선인 정책의 근본으로 삼고 있고, 재일조선인 단체의 주체성이 미약해서 일본에 있는 조선인이 당면한 궁핍 상태에 대해 어느 누구도 진지한 연구를 하지 않은 채 방임하고 있는 사실과 조응한다.

그러나 과연 일본 정부가 기대하고 있는 것처럼 조선인은 점차적으로 본국으로 퇴거하고, 그것으로 가까운 장래에 '조선인 문제'가 해소될 수 있는 것인지, 또한 국제적인 전환을 기다리는 것 외에 재일조선인 문제를 해결할 주체적인 방책은 전혀 없는 것인지 의문이다. 그러나 현재 무엇보다도 재일조선인의 곤궁은 더 이상 방임할 수 없는 상태에 있으며, 이에 대한 조속한 대책이 요망된다.

이 책은 그런 의미에서 우선 재일조선인의 실태에 관한 자료 조사를 시도한 것이다. 즉, 전전과 전후에 조사 연구된 자료를 가능한 한 수집하여 정리, 분석함으로써 그 현상 형태와 동시에 본질적 원리를 해명하여 재일조선인의 상황을 될수록 구체적으로 밝히고자 한 것이다. 그러나 앞에도 서술한 바와 같이 재일조선인에 관한 자료는 특히 전후의 그것은 결정적으로 불충분하다. 따라서 일부 항목에 대해서는 실태를 조사하여 보완했으나, 기대한 목적은 충분히 달성할 수 없었다. 더 이상의 구명(究明)은 보다 폭 넓은 실태 조사를 기다리는 수밖에 없다.

이 책으로 조금이라도 재일조선인의 실태가 해명되어 일본 정부와 사회의 여론이, 그리고 조선인 자신이 '재일조선인 문제'에 대해 눈을 뜨고, 그에 기초한 적절한 대책이 촉진된다면 필자로서 더 이상 바랄 것이 없는 바이다.

1957년 5월 15일
저자 씀

목차

통계표 목차

제1장

재일조선인의 역사

제2차 세계대전으로 조선이 일본의 지배에서 해방된 일은 일본에 있는 조선인의 입장을 크게 변화시켰다. 그에 따라 전후의 일본에서 조선인의 생활은 주체적으로나 객관적으로 매우 다른 조건하에서 시작되었다. 그리고 10여 년의 세월이 흐른 지금, 재일조선인의 생활은 전전에 비해 현격한 차이를 나타내게 되었다. 그러므로 오늘날의 '재일조선인 문제'라는 것은 전전의 '조선인 문제'와는 전혀 다른 많은 것을 내포하고 있다.

그러나 그럼에도 불구하고 '재일조선인 문제'의 본질은 전전이나 지금이나 변함이 없다. 즉, '재일조선인'이라는 존재를 생성하고 존속, 강화시킨 기본적인 조건들의 대부분은 그 형태는 다를지라도 오늘날에 이르기까지 계속되고 있다. 일본에 있는 조선인은 이런 조건들에서 여전히 해방되지 않았다. 10년을 하루같이 같은 궤도 위를 달리고 있는 것이다. 만일 종래 재일조선인의 생활을 근본적으로 제약해왔던 조건들이 전후가 되어 지양되었다면 현재 '재일조선인 문제'라는 것이 존재할 리가 없다. 화교와 같은 '한교(韓僑)' 또는 '조교(朝僑)' 문제가 있을 뿐일 것이다.

따라서 현재 재일조선인의 실태는 그들의 존재를 줄곧 제약해왔던 기본 조건의 이해 없이는 충분히 해명될 수 없다. 그리고 이 기본 조건이라는 것은 '재일조선인'이 생성된 역사적 사실 속에 원형적 또는 원색적으로 가장 분명하게 표현되어 있다. 그러므로 현재 재일조선인의 실태는 그 역사를 이해함 없이는 밝힐 수가 없다. 달리 말하자면 '재일조선인'이 생성되는 조건의 궤도에서 발전된 결과가 현재 재일조선인의 생활이라고 한다면, 그 실태의 해명은 반드시 '재일조선인'이라는 존재의 역사적 배경을 명확히 하지 않고는 달성될 수 없다.[1] 이 점은 오늘날 '재일조선인 문제'를 올바르게 보는 입장으로서 진정 중요할 뿐만 아니라, 특히 그 해결을 위한 현실적 정책을 강구할 경우에 더욱 더 강조되어야 한다.

1. 도항 배경

일본의 조선 영유가 시작된 것은 1905년의 을사조약부터이다. 그 후 1910년의 강제병합을 거쳐 아시아적 정체(停滯)에 빠져있던 조선의 사회와 경제를 일본 제국주의의 식민지로 편성, 편입하는 작업이 급속히

---

1) 1926년 고베시(神戶市)의 조선인 독신자 1,214명과 세대주 470명에 대한 도일(渡日) 전 조선에서의 전직(前職) 조사를 보면, 독신자는 86.8%, 세대주는 83%가 농업이다. 도일 이유를 보면, 독신자는 노동을 위해서가 61.8%, 생활 곤란 때문에가 24%, 고학을 위해서가 8.4%이며, 세대주는 노동을 위해서가 61.3%, 돈을 벌기 위해서가 29%, 생활 곤란 때문에가 3.4%이다(神戶市社会課, 『在神半島民族の現状』, 1927에 의거함). 전직 조사에서 학생 수가 차지하는 비율을 제외하고 고려하면, 피조사자의 90% 이상이 농업이다. 다른 도시에서의 동일 조사 결과도 후술하는 바와 같이 이와 대동소이하다. 즉, 재일조선인의 80~90%는 조선 농민이 조선 내에서 다른 직업에 종사함 없이 논밭에서 직접 일본으로 온 사람들이라는 것이다. 더욱이 그 대부분이 조선에서 생활 방도를 잃고 고향을 등지고 온 사람들이다. 이것이 '재일조선인'이라는 존재의 기본 특징이며, 그 점은 오늘날도 조금도 변함이 없다. 따라서 재일조선인 문제의 해명은 전전에 그러하듯이 오늘날도 조선 농촌에서 인구의 대량 배출과 일본으로의 유입이라는 '재일조선인'의 배경과 역사적 경과에 대한 이해를 전제로 한다.

'폭력적'으로 추진된 사실은 주지하는 바와 같다.

이 일련의 과정은 조선의 농촌 사회에서는 '토지조사사업'과 '산미증식계획'을 두 개의 지렛대로 하여 집중적으로 전개되었다. 토지조사사업은 메이지(明治) 정부가 일본 국내에서 실시한 것과 마찬가지로 당시이것과 병행하여 발포된 '토지가옥증명규칙'이나 '토지가옥전당(典當)규칙', '부동산등기령'과 함께 토지에 관한 근대적 소유제도를 확립하기위해 추진된 것이다. 그 때문에 농촌 사회의 봉건적 생산관계의 광범위한 개편을 그 내용으로 하는 것이었다. 토지조사사업은 1905년부터 본격적으로 착수되어 1918년에 이르러 완료했다.

토지조사사업에서 이루어진 토지에 관한 근대적 소유제도의 확립과농촌 사회에서의 봉건적 생산관계의 개편 내용은, (1)당시 구한말 사회의 생산력이 오히려 쇠퇴 과정을 밟아 봉건사회를 지양할만한 주체적조건을 결여한 점, (2)토지조사사업 자체가 외래적인 일본 제국주의의손으로 식민지화의 목적에서 진행된 점으로 인해 다음과 같았다.[2]

A. 토지소유에 관한 봉건적 내용 중, 종래 토지에 대한 수조권자가 토지의 소유자가 되고, 실제 경작자인 농민은 토지에 대해 종전의 세습적보유에서 분리되어 지금은 불안정한 소작계약하의 소작인이라는 입장에 놓이게 되었다.

B. 그 결과 토지의 봉건적 생산관계의 기본인 농민에 대한 봉건적 수탈은 근대적 법제라는 외피 아래 영세농과 소작관계의 확대 재생산이라는 형태로 그대로 존속되었다.

C. 농민의 생산수단으로부터의 분리는 다른 면에서도 즉, 1. 토지소유조사가 '기간 중의 신고주의'에 기초한 데서 발생한 소수조지(小收租地)

---

2) 印貞植, 『朝鮮の農業機構分析』(白揚社, 1937) 참조.

나 민전(民田)의 몰수, 2. 농민의 '투탁지(投託地)', '혼탈입지(混奪入地)'의 몰수, 3. 씨족 또는 촌락이 공유한 산림, 초원, 황무지의 몰수, 4. '삼림법'에 기초한 삼림, 원야 초원 등의 촌락공유지 공동이용권의 상실 등으로 나타났다.

D. 종래의 수조권자인 관료나 호족, 관유지 및 몰수된 토지를 불하받은 일본인 개인 또는 회사는 대토지를 소유하게 되고, 이들에 의해 급격한 토지겸병(土地兼倂)이 이뤄지게 되었다.

이처럼 식민지 편성 작업으로서의 토지조사사업은 구한말 가혹한 세금에 이어서 조선 농민의 "미증유의 빈곤화 과정을 촉진"[3]했으며, 그 기본적 지렛대 역할을 하였다. 일본의 침략과 통치에 대한 조선민족의 분노가 폭발한 '3·1독립만세사건'이 토지조사사업이 끝난 이듬해인 1919년 3월에 일어난 것은 결코 우연의 일치가 아니다.

조선 농민의 생산수단으로부터의 분리와 봉건적 수탈관계의 재생산으로 농민 생활의 급격한 빈곤화를 낳은 토지조사사업은, 그와 동시에 식민지 자본주의의 농촌 침입을 위해 당시 봉건적 자족경제의 단단한 껍질 속에 갇혀 있던 조선의 농촌 사회 내부로 뚫린 터널이기도 했다. 토지조사사업의 진행에 따른 행정제도, 조세제도, 전매제도와 함께 상품과 자본이 농촌 사회의 구석구석까지 도도히 침입해갔다. 이러한 식민지 자본주의의 침입은 토지조사사업과 더불어 조선의 경우에는 특히 격렬하게 종래의 농촌 사회를 파괴하고 농민 생활을 몰락시키는 결과를 초래한 것이다. 즉, 농민의 공유지 상실이나 "공업품의 농촌 침입에 따라 경작과 직접 결합된 가내공업이 파괴되고, 조세제도, 전매제도 등 여러 가지 농민 부담으로 인해 농민의 화폐 욕구는 급속히 증대했다. 더욱

---

3) 印貞植, 앞의 책에서 인용.

이 영세농적 생산양식에 필연적으로 수반되는 저렴한 생산가격과, 이와
는 반대로 구입품(공업품)의 독점가격"[4]이라는 관계에 있어서 그러했다.
농민은 식민지화와 식민지적 자본주의의 침입에 따라 급격히 증대하는
화폐 지출을 생산력의 발전이나 생산관계의 변화 없이는 지불할 수 없
다. 게다가 그 지불은 식민지적 강권에 의해 절대적으로 강요된 것이다.
따라서 이로부터 나온 결과는 농민경제 수지(收支)의 불균형이며, 농민
생활의 균형 파괴이다.[5] 또한 이 사이에 침입해오는 은행자본, 상업자
본, 고리대자본은 이 불균형과 그로 인한 농민 생활의 몰락을 가중시키
고 가속화한다.

특히 정력적인 일본 제국주의에 의해 토지조사사업과 농촌에 대한 자
본 침입이 식민지 수탈적으로 강행된 조선 농촌에서, 또한 생산력과 생
산관계에서 생활수준[6]이 극도로 낮고 탄력성이 결여된 조선 농민에게
있어 일본의 식민지화에 의한 생활 파괴는 격렬한 것이었다.

이것을 보다 실제적으로 살펴보기로 하자. 〈표 1〉은 1924년에 조선총
독부 내무국 사회과가 실시한 농가경제 조사이다. 이 표에 따르면 당시
의 농가 총 호수 272만여 호(이 중에는 지주 12만여 호를 포함한다.) 중
46.6%에 해당하는 127만여 호는 수입보다 지출이 많아 손실을 보는 농

---

4) 朴文圭, 「農村社会分化の起点としての土地調査事業に就て」, 京城帝国大学法文学会編, 『朝
鮮社会経済史研究』(刀江書院, 1933).
5) 정체된 아시아적 농촌 사회에서 이 균형이 어떤 성질의 것인지, 또 제국주의 침입에
따른 이 균형의 파괴가 농민 생활에 어떤 결과를 초래하는지에 대해서는 Hsiao-tung
Fei, *Peasant life in China : a field study of country life in the Yangtze valley*
(London : G. Routledge, 1939) 참조.
(원문에는 Fei Shang Tung, Peasant life in China로 나오는데, 저자명 오류로 위와
같이 수정하였다. 이후 여러 판이 출간되었으나 특정할 수 없어 본 글에서는 초판본으
로 서지사항을 기술했음을 밝혀 둔다―옮긴이).
6) Fei, 위의 책 참조.

가이다. 즉, 지주를 제외하면 농가의 반수가 수입보다 지출이 많은 것이다. 한일 강제병합이 이뤄진 것은 1910년이며, 토지조사사업이 끝난 것은 1918년이다. 따라서 1924년의 조선 농가의 이러한 상태는 일본의 식민지화와 토지조사사업의 직접적인 결과이다.

〈표 1〉 농가 수지에 관한 조사 (1924년)

총 농가 호수(A)	수입이 지출보다 많은 농가(B)	지출이 수입보다 많은 농가(C)	C/A
2,728,921	1,455,595	1,273,326	46.6%

朝鮮総督府内務局社会課, 『農家経済に関する調査』

그렇다면 왜 반수 가까운 농가가 수입보다 지출이 더 많은가, 농가의 영농 내용을 제시한 것이 〈표 2〉이다. 이 표에 따르면 자작농은 농가 전체의 약 20%에 불과하고, 순수한 소작농이 40%에 가깝다. 농가 규모는 경작 면적에 따라 대농가(3정보 이상)가 농가 총수의 11%, 중농가(1~3정보)가 26%, 소농가(0.5~1정보)가 33%, 세농가(5단(反) 이하)가 24%, 극세농가(경지를 갖지 못함)가 6%를 차지하고 있다. 이것이 1924년 당시 조선 내 전체 농가의 영농 규모인데, 이러한 영농 조건하에서 농가 수지가 어떻게 되는지, 이 표의 B에 대해 보자. 이 표는 소작농의 농가 수지인데, '소', '세', '극세' 농가는 일률적으로 수지가 균형을 이루지 못한다. 따라서 이로부터 같은 표의 A에 있는 소작농의 소, 세, 극세에 속하는 81만 4천여 호는 수지 면에서 부족 농가임이 명백하며, 자작농의 '세'농 10만 7천여 호와 자작 겸 소작농의 '세'농가 22만 5천여 호도 마찬가지이다. 나아가 자작 겸 소작 농가의 '소'농가의 일부도 지출이 수입보다 많다.

이 조사에 따르면 소작농은 1정보 이상의 '중'농이 아니면, 그리고 자작농은 '소'농 이상이 아니면 수지의 균형이 맞지 않는다. 따라서 대부분의 농가에서 수지의 균형이 맞지 않는 것이다. 이와 같은 영농 조건과 농가 수지는 전적으로 일본의 식민지화에 따른 토지조사사업과 식민지 자본주의의 농촌 침입의 결과이다. 더욱이 이 내무국 조사가 이루어진 1924년은 1910년 병합으로부터 14년째에 해당하며, 그 사이에 일본의 식민지화에 따른 새로운 여건에 조선 농민이 적응하기 위해, 즉 농가 수지의 균형을 잡기 위해 필사적 노력을 한 후의 상태이다.

<표 2> 영농 규모별 농가 수와 농가 수지

A. 농가 호수						
영농/규모	대	중	소	세(細)	극세(極細)	합계
자작	94,453	179,016	172,390	107,819	−	553,678
자작 겸 소작	98,628	263,747	329,431	225,505	−	917,311
소작	88,226	233,029	354,399	298,084	−	973,738
합계	281,307	675,792	856,220	631,408	(162,209)	2,606,936
비율	11%	26%	33%	24%	6%	100%

B. 농가 수지 (소작농…경기도)						단위: 엔
수입	수확	900	750	195	80	90	−
	부업	50	50	−	10	2	−
	잡수입	−	50	10	50	25	−
	합계	950	850	205	140	117	−
지출	경작비	120	150	20	15	5	−
	생활비	340	370	100	75	80	−
	공과비	4.26	3	0.70	0.42	0.21	−
	소작료	450	300	84	48	45	−
	잡비	20	15	4	5	2	−
	합계	934.26	838.00	208.70	143.42	132.21	−
수지 과부족		15.74	12.00	(−)3.70	(−)3.42	(−)15.21	−

朝鮮総督府内務局社会課, 앞의 책

그러므로 〈표 1〉과 〈표 2〉의 수치는 어떤 의미에서는 일본의 식민지화에 의해 확대 재생산된 봉건적 생산관계를 등에 지고, 또한 식민지 자본주의의 내습을 받아 이에 대항할 수단을 다 소진한 조선 농민의 모습을 여실히 말해주는 것이다. 그것은 동시에 일본의 식민지화에 의한 조선 농민 생활 파괴의 처참함을 구체적으로 보여주는 것이다. 따라서 일본의 식민지화로 인해 이와 같은 조건하에 놓인 조선 농민이 그 후에 걷게 될 길은 빈곤화뿐이라고 말하지 않을 수 없다. 일본의 식민지가 되자 금세 조선의 농촌 사회에서 전래의 촌락공동체적 목가성이 무참히 박탈되고, 만성 기아가 노출되는 인도와 같은 풍경이 일반화한 원인도 여기에 있다.

토지조사사업 후 조선의 농촌 사회에 대한 자본의 침입과 농민경제의 화폐경제화 및 일본 경제로의 편입에서 결정적 지렛대 작용을 한 것은 1920년부터 실시된 '산미증식계획'이다. 특히 1926년부터 시행된 그 '갱신계획'이다. 그 이전 농민경제의 화폐경제화는 주로 가내공업의 파괴 등에 의한 소비 면에서의 것이고 농민경제에는 외연적인 것이었으나, 산미증식계획은 그것이 갖는 당연한 논리로서 농민경제의 생산 면에서의 화폐경제화를 초래했다. 조선 농민은 단순한 소비품의 구매자 입장만이 아니라, 한편으로는 상품 생산자로서 다른 한편으로는 비료, 기타 생산용품의 구매자 입장에서 일본 제국주의 경제에 완전히 편입되게 된 것이다. 산미증식사업으로 농촌 사회에 대한 자본의 침입 및 지배와 농민경제의 이러한 진전은 점점 더 농가의 수지 불균형을 확대할 뿐만 아니라, 후술하는 바와 같이 조선 농민을 결정적으로 빈곤과 파멸의 궁지로 내몰았던 것이다.

농민 생활의 빈곤화 과정은 동시에 농가의 계층 전락의 과정이기도 하다. 따라서 농가의 영농별 변화는 빈곤화의 한 지표가 될 수 있으나,

조선의 경우는 '관제 통계의 속임수'[7]뿐만 아니라 "조선의 전 농업용지
가격의 약 60% 이상이 은행, 금융조합, 회사 등에 들어가 있는"[8] 사정
에 의해서 공식 통계 면의 수치는 농민의 빈곤화와 계층 전락을 충분히
보여주지 못한다. 그러나 그럼에도 〈표 3〉을 보면 조선 농민의 몰락이
얼마나 급속도로 이루어졌는지 그 일면을 엿볼 수 있다. 즉, 1914년부
터 1934년에 이르는 20년간 자작농은 26,880호, 자작 겸 소작농은
189,600호가 감소하는 한편, 소작농은 501,589호가 증가했다. 이 밖에
1934년 현재 화전민 81,287호와 경지를 전혀 갖지 못한 피고용농이
102,225호 존재한다. 순수한 화전농을 제외한 농가 중 1914년에 화전
을 겸하는 농가가 48,051호나 있다.

〈표 3〉 영농별 농가 호수의 변천

연차	자작	자작 겸 소작	소작	화전민	피고용농
1914	569,517	911,261	1,062,705	–	–
1919	525,830	1,045,606	1,003,003	–	–
1924	525,689	934,208	1,142,192	–	–
1929	507,384	885,594	1,283,471	34,332	–
1934	542,637	721,661	1,564,294	81,287	102,225

『朝鮮総督府統計年報』 및 기타 자료에서 작성

이상의 농가 영농별 변화에서는 전반적으로 영농 규모의 영세화를 고
려해야 한다. 그러므로 자작농의 호수 변화는 자작농에서 자소작 또는
소작농으로 전락한 호수가 영세화에 의한 증가 호수와 상쇄되고 있다.
이는 자소작에서도 동일하다. 이 사이에 소작농가가 50만 2천 호나 증

7) 印貞植, 앞의 책 참조.
8) 李清源, 『朝鮮読本: 朝鮮の社会とその政治・経済生活』(学芸社, 1936).

가한 것도 이러한 영세화와 그 밖에 개간 간척에 의한 경지의 증가에 의한 것이나, 기본적으로는 자작 또는 자소작농에서 전락한 농가가 그 만큼 많았기 때문이라는 것은 말할 필요도 없다. 여기서 주목할 점은 통 계에는 나타나 있지 않으나 소작 영농 규모의 영세화이며, 그 소작농에 서 다시 하층으로 전락한 자의 급증이다. 즉, 화전민 및 화전을 겸하는 농민의 증가이며, 피고용농가의 증가이다. 이런 층과 영세 규모의 소작 농 사이에는 영농 내용에서 거의 차이가 없으며, 그것은 〈표 2〉의 극세 농가의 수지 정도 이하에 위치한다. 따라서 이 계층은 앞서 제시한 수지 표가 말해주듯이 영농이나 생활 면에서 이미 파탄을 초래하여 살기가 어려워진 이른바 "초근목피를 먹는" 계층이다. 이런 종류의 계층에 속하 는 농가 수는 1924년에도 약 50만 호이다. 이와 같은 농가의 집적과 그 일방적인 증가가 일본의 식민지 정책이 조선인에게 초래한 최대의 산물 이었다고 해도 과언이 아니다.[9]

이리하여 빈곤화가 갖는 당연한 논리로서 조선 농민은 대량으로 부유 화(浮遊化)했다. 조선 농민의 빈곤화에서 부유화의 과정을 오사카시(大阪 市) 사회부 조사과에서 조사한 『조선인 노동자 근황』은 다음과 같이 서 술하고 있다.

우리는 우선 유치하고 소박한 경작으로 평화로운 생활을 지속해왔던 조선 농민이 늦게나마 이입된 자본주의 때문에 경제적 기초를 빼앗기고 부득이 근대 적 의미에서의 빈곤 부유(浮遊)의 계층으로 떨어지지 않을 수 없었음을 안다.

---

9) 조선에서 일본의 식민지 정책 전개의 결과로 생긴 이러한 농촌 사회의 참상에 대해 사이토(斎藤) 조선총독이 이미 피폐해진 농민들에게 '자력갱생'을 호소한 것은 일본의 조선통치책의 진수를 유감없이 폭로한 것이라고 하겠다. 그러나 조선 농민들에게 남겨 진 유일한 자력갱생책은 구한말의 가혹한 세금과 폭정에 대해 그들의 조상이 했던 것 과 똑같이 농촌 사회로부터 도망치는 것 외에는 없었던 것이다.

그러나 자본주의화에 의해서만 그들이 갑자기 빈곤해졌다고 생각하는 것은 잘못이며, 그 이전부터 농민은 이미 빈곤 상태에 있었으나 자본주의화에 의해 독립된 경제적 입장을 상실하고 근대적인 무산계급에 이르렀던 것이다. 그와 동시에 그들은 화폐경제로 편입되었으나, 받는 화폐량이 실질 임금으로서 생활을 지지하기에 충분하지 않았기 때문에 심각한 빈곤 상태에 빠지지 않을 수 없게 된 점은 주의해야 한다. 이처럼 자본주의화에 의해 부유하게 된 다수의 조선 노동자가 직업을 찾아서 마치 물이 낮은 곳으로 흐르듯이 만주로, 시베리아의 들판으로 흘러들거나 해협을 건너 내지로 이주하는 것은 필연적 귀결이다.

빈곤해지고 계층 전락을 거듭해서 부유화한 조선 농민은 조선 내의 상공업에 흡수되는 경우가 적었기 때문에 외부로부터 흡인작용이 없는 회전운동의 역학적 법칙처럼 앞서도 서술한 바와 같이 점점 영세화하는 소작농, 경지가 없는 피고용농가, 반무업자(半無業者)적 부업농가, 농업 노동자, 화전민 등으로서 그대로 침하 퇴적되어 갔으나, 원심작용으로서 그 일부는 차례로 멀리 시베리아, 만주의 광야로, 혹은 일본으로 배출되었던 것이다. 〈표 4〉와 〈표 5〉는 그 일부분을 보여준다.

만주나 시베리아로의 이주에 대해서는 당시 조선의 경찰이 그 수를 충분히 파악할 수 없는 상황이었다. 따라서 〈표 4〉의 간도지방 이주 통계는 경찰에서 파악한 이주자만이어서 부정확하나, 이것만으로도 1910년 병합 시부터 1925년에 이르는 15년간 약 20여만의 조선 농민이 간도지방으로 이주했다. 〈표 5〉도 통계 내용의 성질상 단지 사정의 일부분을 보여주는 데 불과한 정도라고 생각되나, 1925년 1년간 농가에서 전업한 자의 수는 합계 150,184명이다. 그 중 조선 내의 상공업으로 전업한 자는 40,677명, 노동자나 고용인이 된 자가 69,643명이다. 이 11만 명을 제외한 나머지 4만 명 중 일본으로 유출된 인구수는 2만 5천여 명이고 만주, 시베리아는 4천여 명이다.

〈표 4〉 간도지방 이주자 조사

연차	도항자(A)	귀환자(B)	A-B
1910~1913	68,369	–	68,369
1914	10,631	1,800	8,831
1915	13,281	3,956	9,325
1916	13,501	8,064	5,437
1917	18,911	6,169	12,742
1918	36,627	5,936	30,691
1919	44,344	4,141	40,203
1920	22,210	11,285	10,925
1921	13,153	8,108	5,045
1922	10,059	7,630	2,429
1923	7,545	6,824	721
1924	9,964	6,765	3,199
1925	9,744	7,277	2,467
합계	278,339	77,955	200,384

朝鮮総督府警保局 조사의 수치 (일부 수정 보완)
朝鮮総督府, 『朝鮮の人口現象』(1927)에서 인용

〈표 5〉 조선 농민의 전업 조사 (1925년)

전업 업종 \ 출신지별		남조선 7도	북조선 7도	합계
전업	상업	18,618	5,180	23,798
	공업 및 잡업	12,653	4,226	16,879
	노동자 또는 고용인	55,562	14,081	69,643
	합계	86,833	23,487	110,320
유출	일본	24,775	533	25,308
	만주, 시베리아	1,824	2,400	4,224
	합계	26,599	2,933	29,532
기타	일가 흩어진 자	5,694	1,141	6,835
	기타 전업	2,273	1,224	3,497
	합계	7,967	2,365	10,332
합계		121,399	28,785	150,184

조선총독부 내무국 사회과 조사의 수치
朝鮮総督府, 『朝鮮の小作慣行』
(久間健一, 『朝鮮農業の近代的様相』, 西ケ原刊行会, 1935에서 인용)

이와 같은 부유화한 조선 농민의 해외 유출에서 만주, 시베리아로의 유출과 일본으로의 그것은 성질을 달리한다. 그 차이는 전자가 사람 없는 광야로의 농업 이민이며, 후자가 공업국으로의 노동력 유출이라는 점에 있는 것이 아니라, 전자는 조선 농촌의 인구 배출에 직접 기인하고 있으나, 후자는 인구 배출이 곧바로 일본 유입으로 이어지지 않는다는 점에 있다. 즉, "물이 낮은 곳으로 흐르듯이" 농촌 사회에서 부유화한 조선 농민이 **자연스럽게 일본으로 유입한 것이 결코 아니다.** 그것은 마치 하나의 컵에서 흐른 술이 자연스럽게 다른 컵 속에 담길 리가 없는 것과 마찬가지로, 조선 농촌의 배출 인구가 자연스럽게 '재일조선인'을 생성한 것은 아니다. 일본 내 농촌의 잠재 실업자 풀에서 노동력이 도시 산업으로 유입하는 것과는 전혀 달리 칼소리 나는 보이지 않는 힘에 의해 부유화된 조선 농민은 '재일조선인'이 되었던 것이다. 여기에 만주, 시베리아로의 유출에서는 전혀 보이지 않는 특수한 작용과 논리가 존재했던 것이다.

그러므로 '재일조선인' 생성의 원인은 조선 농촌 사회의 인구 배출에 있을 뿐만 아니라, 동시에 한편으로는 그 인구 배출과 논리적으로 직접 연결되어 작동하는 강권(強權) 작용, 환언하면 일본 제국주의의 필요성에 있었다. 그렇다면 여기서 말하는 필요성이란 무엇인가. 또 그에 따라 작동하는 특수한 작용 및 논리라는 것은 무엇인가. 우리는 그 명백한 전형을 조선 쌀의 '내지 이입'에서 볼 수가 있다. 조선 쌀의 '내지 이입'에서의 강권 작용과 논리는 조선 농민의 '내지 이입', 정확히 말하자면 조선 노동자의 '내지 이입'에서도 마찬가지로 일관되고 있다. 더욱이 '조선 노무자'도 산미증식계획의 산물인 점에서 조선 쌀과 조선 노무자는 산미증식계획이 낳은 쌍생아관계이다. 그러므로 우리는 '재일조선인'의 생성에 대해서 조선 농촌 인구의 배출 면만 봐서는 안 되며 그 실태의 해명을 위해서는 동시에, 그리고 보다 더 많이 유입 면에 대해서 고찰해야 한다. 따라서 이하에서 '내지 이입' 조선 쌀에서 보이는 이러한 논리와 작용에 대해 검토하기로 한다.

2. 조선 쌀과 조선 노무자

1918년에 종료한 토지조사사업에 이어 1920년부터 착수된 조선의 '산미증식계획'이 1918년 일본에서 발생한 '쌀소동'의 직접 산물임은 주지하는 바이다. 조선의 산미증식계획은 이 쌀소동에서 드러난 일본 내 미곡 수급의 부족을 보충하기 위한 것이었으나 그 본질은 그리 간단하지 않다.

도바타 세이이치(東畑精一)는 일본의 쌀소동을 일종의 임금 수정 작용이라면서 다음과 같이 서술하고 있다.[10]

> 세계대전과 더불어 명목 임금은 상승해도 그것은 단순한 하나의 가장적(假裝的)인 것에 불과했다. 그리하여 대전 경기와 실질임금의 비병행성이 현저해졌다. …… 이는 가격체계 속 농산물, 특히 주요 상식품(常食品)인 쌀 가격의 특수성에 있다. …… 즉, 대전과 더불어 모든 경제부문에 걸쳐 확장적 생산이 급격히 이루어졌다. 하나의 독자적 생산수단인 논의 확장 생산은 급격히 이루어지지 못했다. 자연적으로 독점 산업의 모양을 갖추었다. 이러한 사정은 가격체계의 용어로 표현하자면 쌀값의 상대적 등귀이다. 그렇지 않아도 봉급생활자나 노동자의 생활비에서 중요 부분을 차지하고 있는 쌀이 이러한 가격체계의 지위를 점하고 있는 데서 마침내 쌀소동이 노임수준 수정 운동의 현상 형태로서 일어나게 된 것이다.

---

10) 東畑精一, 『增訂日本農業の展開過程』(岩波書店, 1936).

나아가 도바타는 쌀소동의 부산물인 조선에서의 산미증식계획에 대해 "이리하여(쌀소동으로-필자 주) 노임은 수정되었다. 그러나 쌀값만은 수정되지 않는다. 즉, 쌀값은 여전히 물가 위에 군림한 것이다. 문제는 여전히 남아 있다. 그래서 이 쌀값의 상대적 희소성에 따른 쌀값의 기초적인 등귀 추세는 한번 시정된 실질 노임수준을 다시 상승시키지 않을 수 없는 잠재적 계기가 된다. 우리나라의 산업자본은 이 계기를 해소시키기 위해 노력을 기울이지 않을 수 없다." 따라서 "산미증식계획은 가격체계의 말로 번역하자면 실질임금의 경우와 마찬가지로 쌀값수준의 수정 작용으로 봐야 할 것"[11]이라고 말했다.

따라서 다시 말하자면 다음과 같다. 즉, 쌀소동이 일본 내의 노동 대중에 의한 임금 수정 운동이라면 조선에서의 산미증식계획은 일본의 산업자본가에 의한 쌀값 억제를 통한 임금 억압 운동이다. 그러므로 조선에서의 산미증식계획을 일본 본토 내의 미곡 수급관계와의 관련에서만 보는 것은 피상적이다. 문제는 절대량의 부족이 아니다. 저렴한 쌀을 조선 농민에게 증식시킴으로써 일본의 쌀값 등귀를 억누르고, 그것으로 임금수준을 억제하는 데 목적이 있었던 것이다. 이것이 산미증식계획의 진정한 의의이며, 이입된 조선 쌀이 일본 경제에서 갖는 논리였다.

산미증식계획은 처음에는 15년간 토지 개량과 경종법(耕種法) 개선으로 약 920만 석의 산미증식을 이루고, 그 중 800만 석을 일본으로 이출할 것을 목표로 삼았다. 그러나 이 계획은 1926년에 다시 변경되어 이번에는 14년간 816만여 석의 산미증식을 목표로 같은 해에 신규 발족했는데 1934년 3월에 중단되었다. 이 계획이 실시된 이후 조선 쌀의 생산 증가 상황은 〈표 6〉이 보여주는 바와 같다. 즉, 증식계획이 실시되기 전

---

11) 東畑精一, 앞의 책.

인 1915년부터 1919년까지 5개년 평균을 기준으로 하면 1920~1924년
이 106%, 1925~1929년이 109%, 계획 중지 전인 1933년에 이르는 4년
간 평균이 127%이다.

〈표 6〉 조선 쌀의 생산 증가 추세

기간	생산고(1,000석)	지수	일본의 쌀 생산지수
1915~1919년 평균	13,694	100	100
1920~1924년 평균	14,523	106	103
1925~1929년 평균	14,917	109	105
1930~1933년 평균	17,398	127	112

東畑精一・大川一司, 『朝鮮米穀経済論』(日本学術振興会, 1935)

그러므로 산미증식계획이 시작된 1920년부터 중지된 1933년까지 13
년간 조선의 쌀 생산은 겨우 1.27배 정도밖에 증가하지 않았다. 이는 같
은 기간 내 일본에서의 미곡 생산, 즉 한계에까지 와있던 미곡의 증가
추세와 비교해도 정말 '지지부진'한 것이었다. 특히 그 사이에 토지 개
량이 21만여 정보나 된 것을 고려하면 더더욱 그러하다.

〈표 7〉 조선 쌀의 수이출고(輸移出高) 변천

기간	수이출고(1,000석)	지수
1915~1919년	2,248	100
1920~1924년	3,388	151
1925~1929년	5,862	261
1930~1933년	7,377	327

위의 책 『朝鮮米穀経済論』

그러나 한편 그 기간 중에 조선에서 일본으로의 미곡 이출은 생산 증
가 추세와는 대조적으로 매우 경이적인 약진을 보인다. 즉, 증식계획 실

시 이전에 비해 계획 중지 전 4개년 평균은 3.27배로 증가했다. 이것을 산미 자체의 증가 1.27배와 비교하면 현격한 차이이다.

〈표 8〉 산미증식계획과 실적

기간	방법	목표(A) (정보)	실적(B) (정보)	B/A
제1기: 1920~1924년	토지 개량	427,500	90,000	21%
	품종 개량	−	−	106
	지목 변경	90,000	35,000	39
제2기: 1926~1934년	신(新)관개 설비	195,000	75,000	38
	개간, 간척	165,000	16,000	10
	품종 개량	−	−	138

이는 어떤 이유에서일까. 환언하면 산미증식계획 자체는 〈표 8〉이 제시하는 바와 같이 그 기본 수단으로 삼은 토지 개량이 목표의 40%밖에 달성되지 못한 상태에서 증식계획의 목적이었던 일본으로의 이출이 이미 목표고를 훨씬 넘게 돌파할 수 있었던 이유는 어디에 있는가 하는 것이다. 여기에 산미증식계획이 갖는 숨겨진 작용이 있다. 조선의 산미증식계획은 토지 개량의 중심 제목인 수리조합의 조성에서도, 또한 경종법의 개선과 품종 개량 등에서도 전면적으로 "경찰권과도 같은 강제력 아래 시행되었다."[12] 그러나 〈표 8〉의 품종 개량 실적 138%가 말해주듯이 '농사 개량'은 농민 측에서도 요구한 것이었다. 앞에서 서술한 바와 같이 토지조사사업을 주축으로 하는 농촌 사회의 식민지화 편성은 곧바로 농민의 수지 불균형과 생활 파괴를 초래했다. 여기서 농가 수지의 불균형은 우선 화폐 수지에서의 불균형으로 나타나기 때문에, 불균형과 그 결과가 심각하면 할수록 유일한 환금작물인 '산미의 증식'은 농

---

12) 久間健一, 앞의 책 『朝鮮農業の近代的樣相』.

민 측에서도 치열하게 추구했던 것이다.[13] 그에 필요한 수리 개선이나 품종 개량과 집약 영농 등을 위해서는 수리조합비나 종자, 화학비료, 농구 등의 구입을 위한 새로운 화폐 지출이 필요하다. 이러한 현금의 필요성이 다시 산미증식으로 농민을 내몰았던 것이다. 산미증식계획이 토지개량이 아니라 경종법의 개선에 의해 보다 많이 이루어진 이유는 여기에 있다. 그러나 봉건적 수탈관계가 존속되고, 식민지 자본주의의 기본조건하에 놓인 조선 농민의 입장에서 보면, 이런 일종의 악순환 속 미작추구는 처음부터 산미증식에 의해 농민경제가 구제될 성질의 것은 아니었음을 의미한다.[14] 마치 물에 비친 달그림자를 잡으려고 하는 것과 같은 것이다. 뿐만 아니라 수지 불균형과 부채의 증대를, 그로 인해 더 한층 빈곤화와 기아와 몰락을 초래한 것에 불과했던 것이다.

이리하여 산미증식계획은 세상에서 말하는 "쌀을 팔아 조를 사는 농민경제"[15]를 만들어냈으나, 이것은 일면의 진리에 불과하다. 도바타와 오카와(大川)는 이에 대해 "그러나 쌀 소비의 감소량이 다른 잡곡으로 충당되었다는 보충관계를 통계에서 발견하기는 어렵다"면서 〈표 9〉를 들고 있다. 이 중 B표는 조선 내 조선인만의 연간 1인당 미곡 소비량을 나타내는 것이다. 1913년부터 1917년까지 5개년 평균을 기준으로 해

---

13) 그 한 지표로서 농가 1호당 판매 비료의 소비고를 1915년을 100으로 했을 때 1932년에는 실제 소비고에서 4.2배, 금액에서는 4.5배나 된다.

14) 산미증식사업에 따른 영농의 집약화로 단당(反當) 수량이 증가했음에도 불구하고 그것이 농가의 품을 그냥 빠져나갈 뿐 아니라 도리어 농민의 자가 식량미까지 가져 가버린 것은 앞에서 언급한 『朝鮮米穀経済論』이 말하는 "이리하여 농가가 현금이 필요하면 쌀을 팔지 않을 수 없다. 쌀값이 저렴하면 그런 경향은 조장된다"는 가격 현상과 공황기의 식민지적 영세 영농에서의 협상가격차(鋏狀價格差) 관계에도 기인하나, 기본적으로는 소작관계와 금융관계에 의거한다. 조선인 및 일본인 대지주, 그리고 일본인 농사 기업조직 및 농촌 금융의 각 조직은 조선 쌀 이출의 기본적 빨판이었다.

15) 久間健一, 앞의 책.

서 그 후의 조선인의 쌀 소비를 보면 1932년에는 종래의 반으로 줄고
있다.

<표 9> 조선 내 식량 소비

A표. 인구 1인당 소비량 (연간)		
기간	쌀 (석)	조 (석)
1918~1922	0.657	0.124
1923~1927	0.510	0.376
1928~1932	0.446	0.311

B표. 조선인 1인당 쌀 소비량 (연간)					
기간	소비고 (석)	지수	기간	소비고	지수
1913~1917	0.707	100	1925	0.457	65
1918	0.669	95	1926	0.462	65
1919	0.723	102	1927	0.450	64
1920	0.612	87	1928	0.527	75
1921	0.649	92	1929	0.389	55
1922	0.630	89	1930	0.428	61
1923	0.613	87	1931	0.489	69
1924	0.567	80	1932	0.398	56

앞의 책 『朝鮮米穀経済論』에서 A표는 인용, B표는 작성

그럼에도 조의 소비량은 쌀 소비량의 감소를 대체해서 증가하지 않고
쌀 소비량과 함께 감소하고 있다. 이 쌀과 조의 감소분은 보리, 콩류의
소비 증가로 메워지고 있지도 않다. 따라서 산미증식의 몇 배나 되는 조
선 쌀 이출의 급증은 식량 소비 절대량의 감소에 의거한 것이다. 조선의
'산미증식계획'은 산미의 증식이 아니라 그 감춰진 작용의 힘에 의해 이
런 기아 이출을 증식함으로써 소기의 목적을 달성했던 것이다. '보릿고

개 넘기 힘들다'는 말은 학정과 수탈에 고통 받은 조선시대 농민의 생활을 표현한 것이나, 일본의 식민지하에서도 이와 마찬가지이거나 그 이상의 봄철 기아가 '산미증식계획' 실시 결과 조선의 농촌 사회 전반에 걸쳐 만성화되었다.[16] 그 때문에 '산미증식계획'은 한편에서 기아 이출미의 급증과 비례하는 대량의 부유화된 농촌의 배출 인구를 만들어내기에 이르렀던 것이다.

이렇게 이입된 조선 쌀은 일본 내 시장에서 거의 격차가 없는 동일 상품으로 유통되어 '내지 쌀'의 가격 등귀를 억제하고, 나아가 산업노동자의 임금수준을 억제하는 소기의 역할을 충분히 달성했으나, 이와 동일한 의미에서 산미증식계획의 또 하나의 산물인 떠도는 조선 농민도 '조선 노무자'로서 일본으로 이입되었던 것이다. 즉, 조선 쌀이 일본 내 미곡 수급을 보충하고 쌀값수준에 대한 누름돌로서의 의미로 이입된 것과 마찬가지로 조선 농민은 노동력 수급을 보충하고 임금수준에 대한 직접적인 누름돌로서 일본에 이입되었던 것이다. 이렇게 말하면 겨우 수십만 명의 조선 농민의 이입이 임금의 누름돌 작용으로서는 "거의 영향이 없다"고 말할지도 모르나, 그렇다면 〈표 10〉에서 이것을 살펴보자.

실업이 가장 심했던 1930년에 조선인 노동자가 일본의 근대 산업노동에서 차지한 비중을 조선인 노동력이 집중된 산업 소분류에서 보면, 토공(土工: 토목공사에 종사하는 노동자. 한국에서 속칭 '노가다'로 불리는 도카타(土方)라고도 한다-옮긴이)의 35.1%, 채탄부(採炭夫)의 11.5%, 채석공(採石工)의 31.9%를 조선인 노동자가 차지하고 있다. 1940년의 산업 소분

---

16) 1930년의 농가경제 조사에 따르면 봄철 기아 농가는 자작농의 22.4%(5만 호), 자작 겸 소작농의 40.2%(22만 호), 소작농의 72.8%(62만 1천 호)이다.

〈표 10〉 일본 내 산업노동의 조선인 노동력 비중 (1930년)

산업(소분류)별	a 총인원	b 조선인	b/a	c 1940년 조선인	c/a
채탄부	77,647명	7,681명	11.5%	32,789명	42%
석절공	13,067	1,750	13.3	—	—
채석공	11,113	3,551	31.9	7,443	67
유리성형공·가공공	19,093	2,476	13.0	7,814	41
고무성형공	27,387	2,887	10.5	2,761	10
토공	165,393	58,458	35.1	81,879	50

국세조사의 계수에서 작성

류별 조선인 노동자 수를 1930년의 그것과 대비해보면 일본 국내 채탄부의 42%, 토공의 50%, 유리성형공·가공공의 41%를 조선인 노동자가 차지하게 된다. 오사카시에서 펴낸 『조선인 노동자 문제』가 "근래 경제계 불황으로 내지 노동자의 실업이 속출하고, 노동자의 단체 노력으로 겨우 노동임금 저하를 방지함으로써 종래의 기업이윤을 위협하는 경향을 나타내고 있는 때에 조선인 노동자의 값싼 노동력은 새로운 사회문제를 야기한다"고 서술하고 있는 것은 바로 이 사정을 말하고 있는 것이다.

따라서 조선 쌀이 일본에 이입되는 진정한 의의가 쌀값에 대한 누름돌 작용에 있었던 것과 마찬가지로 조선 농민의 일본으로의 도항, 즉 조선 노무자의 일본 이입이 노임수준에 대한 직접적인 누름돌 작용에 그 의도된 본질이 있었음은 더 이상 의심할 여지가 없을 정도로 명백하다. 다만 양자 사이에 이런 본질적인 의의의 농담(濃淡)의 차가 있다면 그것은 양자의 이입이 향하는 일본 국내의 미곡과 노동력의 부족 정도에 기인한다. 쌀은 일본 내에서 항상 절대량이 부족했지만, 노동력은 그에 대한 수요가 일본 경제의 부침(浮沈)에 따라 큰 변동이 있다 해도 도시와 농촌에 방대한 노동 예비군이 존재하므로 수급 조절에 훨씬 탄력성이 있었다. 그에 따라 미곡은 조선 농촌에서 유출된 쌀이 그대로 일본 시장으로 이출될 수 있었지만, 조선 농민의 '이출'은 처음부터 일본 내 노동력 수급 사정에 따라 정책적으로 관헌의 힘으로 조절되었던 것이다. 즉, 농촌 사회에서 배출된 조선 농민은 그대로 일본으로 유입된 것이 아니라, '도항증명서' 제도에 의해 일단 탈피되어 '조선 노무자'로서 이출되었다.

조선 농민의 일본으로의 유출에서 '노무자 이입'의 본질을 가장 명확하게 입증하는 것은 조선인에 대한 일본 도항 제한 정책의 빈번한 변화이며, '도항증명서제도' 그 자체이다. 증명서제도, 즉 일본으로의 도항을 조선인에게 허가함에 있어 첫 번째 원칙은 일본 내에서 취업할 곳이 있는가의 여부, 환언하면 일본 내에서 본인의 노동력을 필요로 하는가에 있었다. 더욱이 이 증명서 발부에 의한 도항 허가 방침의 완급은 관헌 상층의 명령 하나로 수시로 변경되었다. 이처럼 떨어지는 물을 낮은 데로 흘려보내듯이 '보이는 손'에 의해 조선 노무자는 순차적으로 일본의 노동시장으로 '이출'된 것이다. 일시적이기는 하나 유출 압력이 너무나 거세서 이런 조절책이 듣지 않았던 시기도 있다. 그러나 이 사실을 가지고도 조선 농민의 일본 유입이 갖는 이와 같은 노동력 이입의 본질을 부정할 수 없음은 후술하는 조선인의 일본 도항의 구체적 사실들이 이를 입증하는 바이다. 조선 쌀이 필요 이상으로 일본 시장에 쇄도하게 되자 노동력 이입의 경우와 마찬가지로 미곡자치관리법이라는 것을 가지고 이후 일본 내의 수급 사정에 따라 이입을 조절하게 된 사실은 조선 노무자와 조선 쌀의 '이입'에서 작동하는 이런 논리와 작용을 가장 선명하게 보여주는 것이다. 그러나 무엇보다도 일본 내에서 이 양자가 함께 부족해지자 곧바로 명칭도 모두 '공출(供出)'을 붙여, 즉 '미곡 공출'과

'노동력 공출'의 강권 발동으로 조선 쌀과 조선 노무자가 일본으로 이출되는 사실이야말로 이러한 작용과 논리를 논의의 여지없이 노골적으로 드러내고 있다고 할 수 있다.

그리하여 1905년 이후 일본에 의한 식민지화가 진행됨에 따라 급격히 파탄을 초래한 농촌 사회로부터 대량으로 배출된 조선 농민의 일부는 노무자로서 같은 과정으로 농민의 손을 떠난 조선 쌀과 함께 관부연락선(부산과 시모노세키(下關)를 연결하는 정기 연락선 - 옮긴이) 바닥에 선적되어 일본으로 도항했다. 마치 조선에서 내놓은 쌀을 일본에서 먹으려드는 것처럼. 해마다 속속 이 일이 반복되어 '재일조선인'이라는 존재는 생성되었던 것이다.

3. 도항 실태

1) 도항 인구 추계

1910년의 한일 강제병합에서 1945년에 이르는 동안 일본에 있는 조선인의 수가 정식으로 조사된 것은 국세조사(國勢調査)뿐이다. 즉, 1920년, 1930년, 1940년의 국세조사 인구수가 그것이다. 이 밖에 전국적인 통계로는 경찰의 호구조사 집계인 내무성 경보국의 연차별 인구수가 있다.

일반적으로 재일조선인의 인구수로 사용되고 있는 것은 이 경찰 조사의 인구통계이지만, 여기서의 인구수와 국세조사의 인구수를 국세조사 연도별로 비교해 보면 〈표 11〉과 같다.

즉, 국세조사 인구수에 비해 호구조사 인구수는 1920년에 10,580명, 1930년에 120,918명, 1940년에는 50,871명 적다. 이는 호구조사 인구가 국세조사 인구에 비해 1920년에는 35%, 1930년에는 40%, 1940년

<표 11> 국세조사 인구와 호구조사 인구

연도	국세조사 인구 A	호구조사 인구 B	A-B
1920	40,755	30,175	10,580
1930	419,009	298,091	120,918
1940	1,241,315	1,190,444	50,871

에는 4% 적다는 것을 보여준다. 더욱이 호구조사 인구인 내무성 경보국 통계의 1939년 이후 1945년까지의 인구수는 더 조잡한 것으로 보인다. 따라서 호구조사에 따른 연차별 인구는 신뢰도가 매우 낮다고 하지 않을 수 없다.

그러므로 1945년 이전 재일조선인의 연차별 인구수는 국세조사 인구를 기준으로 해서 추계하는 수밖에 방법이 없으나, 재일조선인만의 출생과 사망에 관한 조사 계수는 없다. 더욱이 재일조선인 인구수의 변동은 전적으로 도항 인구수의 변동에 의한 것이며, 자연증가 수는 이에 비하면 문제 밖이다. 그리고 조선인의 일본 왕래 통계는 부산항 경유의 통계가 부분적으로는 있으나, 일본 왕래가 반드시 부산항을 경유해서만 이뤄지는 것은 아니다. 이렇다 보니 연차별 인구수를 추계하는 데에 근거로 삼을만한 계수는 거의 없다. 그렇다고 해서 조사 인구의 35% 내지 40% 이상이 조사에서 빠져 있는 호구조사 인구수를 가지고 일본에 건너온 조선인의 실태를 논할 수는 없다. 호구조사 인구의 조잡함은 "자세한 수의 여부는 문제가 아니다"라며 일률적으로 정리해버릴 문제가 아니다.

이상의 점들을 전제로 할 경우 추계 인구를 산출하는 데 유일하게 이용할 수 있는 것은 호구조사 인구의 연차별 증가 수이다. 전전 경찰의 조선인에 대한 호구조사가 특별고등경찰적 의식에 의거한 일종의 전통적, 고정적 방법으로 행해졌다는 점을 고려한다면, 호구조사 인구의 연

차별 증가 추세는 도항 인구의 추세를 비교적 정확하게 반영하고 있지
않을까 생각된다. 더욱이 연차별 인구는 압도적으로 도항 인구수에 의
해 좌우되고 있다. 따라서 재일조선인의 전전의 연차별 인구 추계는 국
세조사 인구를 기준으로 하고, 각 국세조사 연도 간 연차별 인구수는 호
구조사 인구의 증가 추세로 보완하는 방법으로 산출하는 것이 유일하게
가능한 방법이라고 생각한다. 또 이러한 방법에 의해 얻어진 추계 인구
는 일단 타당성이 있다고 볼 수 있으므로 여기서는 다음과 같은 방법으
로 산출하기로 했다.

〈1920년 이전의 연차별 인구〉

1920년의 국세조사 인구와 호구조사 인구의 차이인 10,580명을 호구
조사 각 연차별 인구수에 안분 비례해서 이를 보정 인구수로 하고, 각
연차별 호구조사 인구수에 가산해서 각 연차별 추계 인구수로 삼았다.

〈1920년 이후 1940년까지 각 연차별 인구〉

1920년부터 1930년에 이르는 국세조사 인구의 증가 수는 378,254명
이며 같은 기간 호구조사의 증가 인구수는 267,916명이다. 양자의 차,
즉 110,338명을 같은 기간의 호구조사 인구 연차별 증가 추세치로 안분
비례해서 매년의 보정 인구를 산출하고, 이것을 호구조사 연차별 인구
에 가산한 것을 각 연차별 추계 인구로 삼았다. 1931년부터 1940년 사
이의 연차별 인구도 이것과 동일한 방법으로 산출했다(단 같은 기간의 호
구조사 인구에 따른 증가 수는 국세조사 인구의 그것보다 많으므로 보정 인구수는
마이너스로 가산된다).

〈1940년 이후 1945년까지 연차별 인구〉

후술하는 바와 같은 이유로 1945년 8월 15일 최대 상태인 재일조선

인의 인구수를 210만 명으로 간주하고, 여기에 연차별 호구조사 인구와 조선인 노무동원 수와 자연증가 수를 참작하여 추계했다.

〈자연증가 인구와 도항 인구〉

자연증가율에 대해서는 일본 내 일본인의 그것을 그대로 사용하기로 했다. 즉, 1920년부터 1940년에 이르는 20년간의 국세조사 인구에 의한 연차 기하 평균 증가율 13.46(인구 천 명당)이다.[17] 이는 일본에 도항하는 조선인의 대부분이 생식연령이라는 점이 플러스 면이고, 남녀 인구의 비율이나 생활 상태 등의 생식 조건이 불리하고 사망률이 높다는 점이 마이너스 면이라고 보아 전자와 후자가 상쇄될 수 있다는 가정하의 것이지만, 이러한 계산에서의 자연증가 인구수는 추정할 수 있는 자연증가 인구수에 비해 상당히 낮은 성질의 것으로 여겨진다(예를 들어 1930년과 1940년의 ○세 인구수와 비교해보면 명확하다). 연차별 추계 인구의 매년 증가 수에서 이렇게 해서 얻은 자연증가 인구를 뺀 것을 도항 인구수로 산출했다.

이상의 계산으로 얻은 재일조선인에 관한 추계 인구의 성질은 호구조사 인구가 갖는 결함을 어느 정도는 이어받은 것이며, 그로 인해 실제 재일조선인의 연차별 인구수에 얼마만큼 가까운지에 대해서는 의문이 없지 않지만, 내무성 경보국 조사의 연차별 통계보다는 몇 배 낫다는 것은 말할 필요도 없다.[18]

---

17) 岡崎文規, 『日本人口の実証的研究』(北隆館, 1950).
18) 추계 인구의 추계 경과는 부표 제1표 참조(원문에 부표는 존재하지 않는다-옮긴이).

2) 도항 상황

(1) 1910년 이전

1910년 이전 일본에 얼마만큼의 조선인이 있었는지를 상세히 밝힐수는 없다. 엿장수, 인삼행상으로서 다수의 조선인이 있었던 것처럼 쓰고 있는 사람도 있으나, 이는 실제로는 1910년 이후의 일이라고 생각된다. 왜냐하면 1899년 7월 28일 칙령 제352호 제1조에 의해 다음과 같이 조선인 노동자의 입국은 제한되고 있었기 때문이다.

> 외국인은 조약항(條約港) 또는 관행에 따라 거주의 자유가 없는 자라고 할지라도 종전의 거류지 및 잡거지 이외에서 거주, 이전, 영업, 기타의 행위를 할 수 있다. 단 노동자는 행정관청의 허가를 받지 않으면 종전의 거류지 이외에서 거주하거나 업무를 할 수 없다.

사실 무역항인 고베시(神戸市)의 조사에서도 1903년에 1명으로 기록되어 있다. 참고로 1910년 이전에 일본에 있는 조선인의 수와 조선에 있는 일본인의 수를 비교해보면 〈표 12〉와 같다. 그러므로 조선인의 일본 도항은 1910년 한일 강제병합 이후의 일이다.

〈표 12〉 1910년 이전의 왕래 인구수

연도	조선 거주 일본인	일본 거주 조선인
1885	4,521	1
1895	12,303	12
1905	42,460	303
1907	81,754	459
1908	98,001	459
1909	125,168	790

『日本帝国統計年鑑』에서 작성

(2) 1910~1925년 (유치기)

① 전기 1910~1919년

1910년 한일 강제병합으로 위에서 서술한 바와 같은 제한은 조선인에게는 적용되지 않게 되었다. 따라서 법적으로는 조선인의 일본 도항은 자유였으나, 실제로 도항한 조선인의 수는 적었다. 그렇기 때문에 조선 노무자에 주목한 일본의 기업가들은 조선 내에서 노무자를 모집하지 않으면 안 되었다. 다케다 유키오(武田行雄)는 그 일례로서 다음과 같은 공장명을 들고 있다.[19]

　　1911년 셋쓰방적(摂津紡績) 오사카시 오즈(大津)공장, 아카시(明石)공장
　　1913년 오카야마시(岡山市) 도요칸맛치(東洋館マッチ)
　　1914년 오사카시 도요방적(東洋紡績), 효고(兵庫) 가와사키조선(川崎造船)

모집은 좀처럼 쉽지 않아, 셋쓰방적 아카시공장은 첫 1회 모집에서 16명, 그 후 11회 모집으로 겨우 208명을 일본에 데려올 수 있을 정도로 훗날과 비교하면 정말 '격세지감'이었다고 서술하고 있다. 이 기간에 조선인의 일본 도항 수는 〈표 13〉과 같다. 즉, 1909년에 790명이었던 것이 1913년에는 3,952명이 되고 1916년까지는 1만 명 이하이다. 그것이 1917년에는 일약 17,463명으로 증가했다. 이 급격한 증가는 단순히 1914년에 시작된 제1차 세계대전으로 이 시기에 일본 경제가 호황을 누렸기 때문만은 아니다. 조선의 토지조사사업과 식민지 자본주의의 침입에 의해 농촌 사회에서 인구 배출의 원심작용이 일어나기 시작한 시

---

19) 武田行雄, 「半島人労務者内地渡航の必然的傾向」, 人口問題研究会編, 『人口問題資料』 第35輯(1935).

원적(始原的) 현상으로 보아야 한다. 1917년을 기점으로 부유화된 조선 농민이 노무자로서 일본으로 이입하는 현상이 본격적으로 진행되기 시작한 것이다. 그리고 이에 따라 조선인의 일본 도항에 대해 종래의 자유방임 정책 대신 적극적인 조정 정책이 요청되게 되었다.

〈표 13〉 1913~1919년 조선인 도항표

연차(년)	도항 인구	거주 인구	1910년을 100으로 한 지수
1913	(3,952)	3,952	9.7
1914	168	4,176	10.2
1915	802	5,046	12.4
1916	2,082	7,225	17.7
1917	10,003	17,463	42.9
1918	9,509	27,340	67.1
1919	8,171	35,995	88.3

② 후기 1920~1925년

1919년 4월 조선총독부 경무총감령 제3호 '조선인 여행 단속에 관한 건'으로 이른바 여행증명제도가 발포되었다. 즉, "조선 밖으로 여행하려는 조선인은 관할 경찰서로부터 여행증명을 받아 이것을 조선의 마지막 출발지에서 경찰관에게 제출해야 한다"는 것이다. 경찰로부터 여행증명서를 발부 받는 데에는 일정한 조건이 필요했다.

이 제도는 1919년 3월 1일에 일어난 3·1만세사건과 관련해서 발포된 것으로 생각되나, 그 후 전적으로 조선인의 일본 도항에 대한 조절 수단이 되었다. 그러나 당시 일본 경제는 미증유의 비약과 호황의 물결을 타고 있었으며, 부분적으로는 노동력 부족 상태이기도 해서 이 시기의 여행증명제도는 전반적인 억제책으로서 운용되었던 것은 아니다.

그러나 이러한 여행증명제도에 따른 도항 조절책, 다시 말해 조선 노무자의 노동력 공급은 마음이 급한 일본 국내의 기업가들에게 불편을 느끼게 하여 조선 노무자의 무제한적인 이입이 요청되게 되었다. 그 결과, 1922년 12월에 종래의 여행증명제도는 철폐되었다. 그간의 사정을 고베시 사회과의 『재고베 반도(半島)민족의 현상(現狀)』은 다음과 같이 서술하고 있다.

> 당시 내지는 개벽 이래의 황금의 홍수에 눈이 돌 정도의 상황이어서 노동자의 공급 결핍은 한층 더 조선인의 왕래를 유인하지 않을 수 없었다. 조선인은 이익에 민감하고 근대 자본가에게 안성맞춤의 물건이었음은 잘 알고 있는 이야기로 저임금, 장시간 노동이라는 조건이 어찌 자본가의 뱀과 같은 눈을 가릴 수 있을까, 마침내 둑은 무너졌다.

여기서 말하는 '안성맞춤의 물건'으로서 당시의 조선인 노무자가 산업자본가들에게 어떤 성질의 것이었는지, 우선 임금에 대해 보면 〈표 14〉와 같다. 즉, 이 표는 1923년 6월 오사카시에서 조사한 일본인 노동자와 조선인 노동자의 '일반임금'의 비교인데, 최고임금 또는 최저임금 모두에서 조선인 노동자의 임금은 일본인 노동자의 60~80%이다. 게다가 "불쾌, 불결하고 과격한 노동을 꺼리지 않는 성정"에 이런 "저렴한 노임"이다. 그러나 이와 같은 저임금도 조선 내의 그것과 비교하면 상대적으로는 높다. 한편, 당시 조선인 노동자를 고용한 대공장의 의견을 조사한 것을 보면, 조선인 노동자 사용의 이유가 모두 이런 점, 즉 "값싼 임금"과 "내지인 노동자가 꺼리는 불쾌하고 과격한 장시간 노동"에 있었음을 보여주고 있다. 예를 들면 "힘들고 고통스런 업무에도 잘 견디는 것 같다", "조선인은 내지인에 비해 대체로 신체가 강대하고 근력이 뛰어나 무거운 물건의 운반에는 특수한 기능을 갖고 있다" 등이다.

〈표 14〉 임금 비교표 (1923년 오사카)

직종	일본인 노동자	조선인 노동자	조선의 조선인 노동자
농부	2.00엔	1.60엔	0.92엔
세탁부	2.00	1.80	1.20
염색공	2.10	1.20	1.25
메리야스공	2.20	1.30	1.10
방적공	1.70	1.20	1.10
유리공	1.60	1.20	1.10
하역부	2.50	2.00	1.60
인부	1.90	1.70	0.90
토공	2.50	2.00	1.30
광부	2.50	2.10	1.30

大阪市社会部調査課, 『朝鮮人労働者問題』(弘文堂書房, 1924)

1923년부터 여행증명제도는 폐지되었으나, 실제로는 여행증명서를 대신하는 '도항증명서'제도를 가지고 종전과 마찬가지로 증명서 발부양식에 의한 도항 조절은 여전히 계속되었다. 종전과 다른 점은 도항증명서의 허가가 현저하게 완화된 것에 지나지 않는다. 〈표 15〉는 이 기간 중 조선인의 일본 도항을 제시한다. 1922년부터 시작된 도항증명제도 운용의 완화는 곧바로 조선 농민의 일본으로의 쇄도를 초래했다. 즉, 1922년 1년간 32,806명이 일본으로 건너왔다. 이 수는 종전의 재일조선인 거주 인구수의 약 70%에 해당한다. 더욱이 1922~1924년의 3년간 일본으로 건너온 수를 합하면 114,346명으로, 실로 1920년 이전에 도항한 조선인의 약 3배에 달한다. 현재 일본에 있는 재일(在日) 연수가 오래된 조선인은 대체로 이 시기에 건너온 사람들이다.

제1차 세계대전에 의한 호황을 계속해서 누려온 일본 경제는 1923년 경부터 그 반동으로서 만성적 공황 상태에 빠졌다. 그에 따라 실업이 급증했으나 이런 경우에 제일 먼저 해고되는 것은 조선인 노동자이다. 앞

〈표 15〉 1920~1925년 조선인 도항표

연차	도항 인구	거주 인구	1920년을 100으로 한 지수
1920	4,211	40,755	100
1921	7,362	48,774	120
1922	32,806	82,693	303
1923	27,850	112,051	375
1924	53,690	168,002	412
1925	16,582	187,102	459

에서 언급한 다케다는 "사업가는 필요할 때 모든 방면으로 손을 써서 반도 노동력의 이입에 노력하지만, 일단 불황이 되면 자신의 형편에 따라 이들을 해고하고 돌아보지 않는 경향이 있음은 과거에 이미 경험한 바로, 그로 인해 다수의 반도인 실업자를 냈다"고 서술하고 있다. 이처럼 일본 경제의 반전은 곧바로 조선인 노동자의 실업 문제를 야기했다. 이로 인해 오사카, 고베, 도쿄 등 일본 각 도시에서 일반적 실업 문제와 병행한 이른바 '조선인 문제'가 비로소 논의되게 되었다. 앞서 든 고베시 사회과의 필자는 그 일례로서 단적으로 다음과 같이 서술하고 있다.

　　지금의 불경기에 3천 명의 조선인 노동자의 존재는 고베시에게 분명 하나의 중요한 도시 문제이다. …… 조선인 도래자의 대부분은 대담한 무전(無錢) 여행자이다. 수중에 돈 한 푼 없이 처자를 데리고도 느긋한 태도는 과연 유교국의 국민이구나 하고 조금 놀라게 된다.

그러나 한편으로 조선에서는 1918년에 토지조사사업이 종료하고, 1920년부터 제1기 산미증식계획이 실시되는 등 농촌 사회에서의 배출 인구는 급증하는 상황이었다. 이리하여 종래의 유치 정책 대신 조선인의 일본 도항에 대한 억제 정책이 등장하게 되었다. 1925년 10월부터 시행된 도항 제한이 그것이다.

(3) 1926~1938년 (억제기)

1927년 3월에 금융공황을 일으킨 일본 경제의 불황은 1929년의 세계공황으로 한층 더 심각해졌다. 이런 배경의 진전하에 조선에서는 1926년부터 산미증식갱신계획이 실시되기 시작했다. 이 계획의 실시에 의해 한층 더 쌀의 단모작 영농으로 내몰린 조선 농민에게 있어 그 목숨을 좌우하는 쌀값은 그 사이에 〈표 16〉이 제시하는 바와 같은 변화를 보였다.

즉, 쌀값은 산미증식갱신계획이 시작된 1926년을 100으로 하면 이후 계속 하락만 했는데, 대풍작이 있었던 1930년의 이듬해에는 1926년도 쌀값의 48%로 하락했다. 그 후 쌀값은 이 선에서 정체되었다. 쌀값의 변화와 쌀 생산고를 비교해보면 풍흉에 관계없이 쌀값은 하락을 계속했다. 바꾸어 말하면 흉작이라도 쌀값은 내렸으며, 풍작인 해에는 더 하락하는 현상을 보였다. 따라서 쌀 단모작 영농가에게 유일한 환금작물이

〈표 16〉 조선 중급 쌀 가격 변천

연도	1석당 가격	지수 A	1924년을 100으로 한 조선 쌀 생산지수 B	(A×B)÷100
1926	33.67엔	100	112	112
1927	30.45	90	116	104
1928	26.74	79	131	103
1929	26.67	79	102	81
1930	23.00	68	104	71
1931	16.23	48	145	70
1932	20.27	60	120	72
1933	20.56	61	124	76

쌀값은 菱本長次, 『朝鮮米の硏究』(千倉書房, 1938)에서 인용
생산지수는 전년도의 생산고 지수

자 수입원인 미작(米作)으로 얻는 수입은 경작의 집약 영농화에 의해 쌀 수확고가 현격히 증가했음에도 불구하고, 〈표 16〉이 보여주듯이 오히려 감소하는 결과가 되었다. 쌀값이 폭락해도 소작료, 수리조합비, 비료비, 조세 등이 감면되는 일은 없었다. 따라서 이 시기의 쌀값 하락은 소지주를 포함해서 조선의 농가 전체를 결정적으로 몰락 파탄으로 내모는 성질의 것이었다. 영농 규모가 영세하면 할수록 그 타격은 커졌다. 이 점을 '조선 농민의 이상촌'으로 불렸다는 평안남도 강서 동척(東拓)농장에서 인정식이 조사한 것을 보면 〈표 17〉과 같다.

이 표의 소작농은 가족 4인, 경작면적 2정보의 농가이며, 자소작농은 가족 5인, 경작면적 2.57정보의 농가이다. 2정보 이상의 중농인데도 농가 수지가 이런 상태이니 다른 소세농(小細農)은 미루어 짐작할 수 있다. 이 표의 지출항목에 있는 이자가 보여주듯이 이 시기에 조선의 각 농가는 예외 없이 채무 농가가 되었다. 이 상태가 일본의 식민지화에 의해 조선 농민이 도달한 하나의 결론이기도 하다. 따라서 이 시기에 농촌 사회의 인구 배출 경향은 현저했다. 당시 다케다가 남조선의 농촌에 가서 순사에게 물었더니 "자유롭게 내지로 갈 수 있게 한다면 조선 농촌은 아마도 텅 비게 되겠지요"라고 답했다고 한 것도 결코 과장이 아니다. 이런 인구 유출의 기세와 일본으로의 그 격렬한 흐름은 점차 일본에 대한 노동력 공급의 조절 기구로서의 도항증명서제도를 무력화시켰다. 이에 조선 농민의 일본 유입을 억제하기 위해서는 전면적인 도항 금지 외에 방법이 없는 사태로까지 발전했으나, 이는 조선에 대한 식민지 정책상 불가능한 일일뿐만 아니라 1930년에 절정에 달한 노동쟁의의 불안에 휩싸여있던 일본의 자본가들이 원하는 바도 아니었다.

그리하여 이 시기에 남조선의 농촌에서는 다음과 같은 풍경이 일반적으로 보이게 되었다. 무수히 많은 몰락 농민이 1년이건 2년이건 주재

〈표 17〉 농가 수지표 (1936년)

	소작농	자작 겸 소작농
수 입	514.00엔	311.73엔
미작 수입	504.00	311.73
부업 수입	10.00	−
지 출	295.79	328.06
(영농지출)	(62.79)	(124.92)
화학비료비	48.20	28.50
농구(農具)비	3.50	7.50
기타 영농비	−	29.90
공조공과(公租公課)	1.11	12.86
차금 이자	9.98	46.16
(생활지출)	(233.00)	(203.14)
식료비	164.00	150.00
피복비	30.00	10.26
광열비	39.00	3.00
기타		39.88
소 작 료	252.00	85.37
수지 과부족	(−)33.79	(−)101.70

印貞植, 『朝鮮農業機構分析』(白揚社, 1937)

소(파출소)에 수시로 드나들면서 부탁을 하거나, 이미 일본에 건너간 친척, 지인의 연고에 의거하여 운 좋게 도항증명서를 손에 넣으면 가재(家財)를 처분한 돈으로 표를 사고 나머지 얼마 안 되는 돈을 품에 넣고 줄줄이 일본으로 출발했던 것이다. 그 때문에 일본 도항의 최후 관문인 부산의 수상(水上) 경찰서 앞에는 이런 사람들로 흰옷의 대열이 주야로 끊이지 않았다. 같은 광경이 일본에서도 반복되었다. 주로 간사이(関西)지방 각 도시의 조선인 밀집주거 지역에 일종의 난민과 같은 조선인 도항자가 쇄도했다. 그곳에서도 넘쳐난 많은 조선인은 집시처럼 무리를 지어 노숙했고, 일본의 이른바 전형적인 조선인 풍경이 도처에서 전개되었다.

〈표 18〉에서 보는 바와 같이 1928년에는 9만여 명이 일본으로 건너왔으며, 1926~1935년의 10년간에 실로 47만여 명, 연평균 5만 명이 조금 안 되는 도항자를 보이고 있다. 미증유의 대풍작을 기록했던 1930년의 이듬해인 1931년에는 1만 2천여 명에 불과하다. 그러나 그 후 일본경제는 공황 상태에서 준전시경제로, 나아가 전시경제와 인플레 경기로 이행했다. 그 결과, 조선인 노동력에 대한 고용은 증대했고, 1937년 중일전쟁을 계기로 일본의 지배계급은 그 필요성을 통감하게 되었다. 더 이상 종전과 같은 자발적 의지에 의한 도항자의 노동력만으로는 충당할 수 없게 되었고, 마침내 강권적인 힘의 발동에 의한 조선 노무자의 이입이 요청되기에 이르렀다.

〈표 18〉 1926~1938년 조선인 도항표

연도	도항 인구	거주 인구	1920년을 100으로 한 지수
1926	17,953	207,853	510
1927	35,344	246,515	605
1928	90,622	341,737	839
1929	40,943	387,901	952
1930	25,468	419,009	1,028
1931	12,621	437,519	1,074
1932	59,871	504,176	1,237
1933	61,995	573,896	1,408
1934	56,472	689,651	1,692
1935	71,465	720,818	1,769
1936	49,204	780,528	1,915
1937	30,619	822,214	2,018
1938	47,270	881,347	2,163

(4) 1939~1945년 8월 (강제징용기)

전시 중 일본에 보내진 조선인 노무동원 수에 대해서는 필자의 수중에 확실한 자료가 없다. 원용덕(元容德)의 논문에 있는 후생성 근로국 발표라는 수치가 있을 뿐이다. 〈표 19〉가 그것이다. 이 표의 1939년부터 1941년까지 3년간은 조선총독부 알선에 의한 노무자 모집의 형태로 이루어진 것이며, 1942년부터는 징용에 따른 것이다. 1945년의 수치는 불명으로 되어 있지만 이 해에 징용이 없었던 것은 아니다. 일본 내에서는 피폭, 기타에 의해 노동력이 유휴(遊休) 상태임에도 불구하고, 그것이 마치 "필승의 길"이라도 되는 것처럼 강제 징용된 조선의 청년들이 엄청나게 일본으로 보내졌다. 그 실제 수는 아마도 일본 정부 자신조차 몰랐던 것이 아닐까 생각된다. 1942년부터 시작된 조선에서의 징용의 무자비성에 대해서는 새삼 떠들 필요가 없을 것이다. 전시 중 조선의 관헌은 일본으로의 식량 공급을 확보하기 위한 '미곡 공출'에 광분하여 농가의 똥구덩이 바닥까지 눈을 번뜩이며 감시했다. '노동력 공출'도 이에 뒤지지 않는 방법, 예컨대 시장이나 촌락을 트럭을 가지고 급습해서 닥치는 대로 붙잡아서 머릿수를 채운다든가, 징용 도망자

〈표 19〉 일본으로의 조선인 노무동원 수 (후생성 근로국 발표)

배치 산업	1939	1940	1941	1942	1943	1944	1945	합계
석탄	24,279	35,431	32,099	74,576	65,208	85,953	불명	317,546
금속	5,042	8,069	8,989	9,483	13,660	30,507	〃	75,750
토건	9,379	9,898	9,540	14,848	28,280	33,381	〃	105,326
기타 공장	0	1,546	2,865	13,100	15,089	130,462	〃	163,062
합계	38,700	54,944	53,493	112,007	122,237	280,303	〃	661,684
동원계획과의 대비	66.5%	76.6%	69.4%	92.4%	81.5%	70.5%	〃	72.9%

元容德, 「吉田政府への公開状」, 『民主朝鮮』 第32号 (1949)

를 잡으러 산을 뒤지는 등 노예 잡이를 방불케 하는 방법이 취해졌다. 징용으로 일본에 동원된 수는 1945년 분을 제외하고도 51만 4천여 명 이다. 따라서 일본으로의 징용 총수는 약 65만 명 정도로 여겨진다. 그에 따라 〈표 19〉의 수치를 기준으로 일본으로의 노무동원 총수를 추정하면 약 80만 명이다.

한편, 이 기간의 일반 도항자 수는 〈표 20〉과 같다. 즉, 1939년부터 1941년에 걸쳐 실로 약 30만 명이 일본으로 건너왔다. 이는 전에 없던 대량의 도항이다. 이유는 간단하다. 일본 내 노동력 부족으로 일본으로의 도항이 간단히 가능했기 때문이다. 도항증명서의 발부도 그렇고 일본에서의 취직증명서 입수도 그러했다. 이 당시 생산 확장을 서두르고 있던 자본가에게 일본인 노동자 임금의 반액 정도로 고용할 수 있는 조선인 노무자는 대환영이었던 것이다. 전시 중에 탄광이나 작업장에서 조선인 징용노무자가 대량으로 사역된 이유도 노동력의 보충보다는 오히려 준(準)포로적인 조선인 징용자의 사역이 자본가에게 눈먼 돈이 되었기 때문이다.

〈표 20〉 1939~1945년 8월 조선인 도항표

연도	징용동원 수	종래 인구	거주 인구	1920년을 100으로 한 지수
1939	38,700	96,477	1,030,394	2,528
1940	54,944	139,269	1,241,315	3,046
1941	53,493	154,646	1,469,230	3,605
1942	112,007	21,944	1,625,054	3,987
1943	122,237	(−) 2,911	1,768,180	4,339
1944	280,303	(−)162,902	1,911,307	4,690
1945	160,427	−	2,100,000	5,153

그러나 태평양전쟁의 발발은 조선인의 일본 도항 사정을 일변시켰다. 즉, 1941년에는 15만여 명의 도항자가 있던 것이 이듬해 1942년의 도항자 수는 겨우 2만여 명에 불과했다. 이 도항자 수는 쇼와(昭和)시대에 들어서 대풍작이 있었던 1930년 이듬해의 도항자 수 다음으로 적은 수이다. 이 경향은 1943년이 되면 더욱 현저해진다. 즉, 이 해에는 일본 도항자와 조선으로의 귀국자 수가 거의 균형을 이룬다. 그리고 1944년에는 만일 징용동원의 수가 정확하다면 최소한도 약 16만여 명이 일본에서 귀환했다. 따라서 조선인의 일본으로의 도항 흐름이 역으로 일본에서 조선으로 바뀐 것은, 즉 조선인이 일본에서 돌아가기 시작한 것은 1945년 종전(終戰)부터가 아니라 1944년부터이다. 이 기세는 물론 1945년에도 이어졌으나 당시의 수송 사정에서 그 수는 대단한 것은 아니라고 생각된다. 1944년과 1945년의 조선인 도항에서 나타나는 특이 현상은 한편의 재일조선인의 귀국과 다른 한편의 그것의 몇 배나 되는 징용 노무자의 일본으로의 연행이다. 사실 1944년에는 시모노세키나 하카타항(博多港)에서 흰 베옷을 입은 포로와 같은 징용자의 대열과 짐을 가득 진 귀국 조선인의 대열이 교차하는 수많은 풍경이 보였다.

1945년 8월 15일 일본의 패전 시에 얼마만큼의 조선인이 일본에 있었는지에 대해서는 그 해의 징용자 수가 밝혀지지 않아 추산할 방법이 없다. 시노자키 헤이지(篠崎平治)의 『재일조선인 운동』은 193만 명이라고 했고, 후술하는 사카이(酒井)는 1944년 말에 191만 명이라고 했다. 원용덕의 앞의 책은 210만 명이라고 한다. 1945년의 징용자 수를 고려한다면 원용덕과 사카이가 제시한 수치는 모순되지 않는다. 원용덕의 논문에 따르면 이 밖에 군사동원 조선인 수 32만 명이 있었고, 이것을 가산하면 종전 시 일본에 있던 조선인은 240만 명이었다는 것이다. 32만 명의 군사동원 조선인이 당시 일본 본토 내에 있었다고는 믿기 어렵고, 그 후의 귀환 상황을 고려해서 추정해도 240만 명은 너무 많다. 그러므로 여기서는 군사동원 수는 제외하고 종전 시 재일조선인의 인구를 210만 명으로 보고 이것으로부터 역산해서 1945년의 일반 도항자는 없고, 따라서 그 해의 징용자는 16만 명으로 추계했다.

(5) 총괄

지금까지 1910년 이후 1945년 8월에 이르는 기간 조선인의 도항 상황에 대해 고찰했는데, 이것을 총괄해보면 〈표 21〉과 같다.

〈표 21〉 조선인 도항 총괄표

기간		도항 인구	연평균 도항 수	자연증가 인구	기말(期末) 거주 인구	이 기간 중의 증가	백분비
1기 유치기	(년)	(명)					(%)
(전기)	1910~1919	34,687	3,469	1,308	35,995	35,995	2
(후기)	1920~1925	142,501	23,750	8,606	187,102	151,107	7
2기 억제기	1926~1938	599,847	46,142	94,398	881,347	694,245	33
3기 강제징용기	1939~1945	246,523	61,630	150,019	2,100,000	1,218,653	19
	(노무동원)	822,111	—	—			39
합계		1,845,669	—	254,331	—	2,100,000	100

〈표 22〉 전전의 재일조선인 인구 자연증가 추계 수

연도	연간 자연증가 수	자연증가 수 누계
1920	549명	1,910명
1925	2,518	9,967
1930	5,640	31,544
1935	9,702	70,929
1940	16,708	134,943
1945	28,266	254,331

종전 시 총인구 210만 명 중 도항 인구는 184만여 명, 자연증가 인구
는 25만여 명이다. 이것을 시기별로 보면 9%가 제1기 도항자, 33%가
제2기 도항자, 19%가 제3기의 일반 도항자, 39%가 제3기의 징용에 의
한 도항자이다. 이상은 징용자 수를 포함한 계수이나, 이것을 제외하면
종전 시의 총인구 127만여 명 중 도항 인구는 102만 명, 자연증가 인구
는 25만 명이다. 시기별로는 제1기 도항자가 15%, 제2기 도항자가
54%, 제3기 도항자가 31%이다.

4. 전후의 귀환

전후 일본에서 귀환하는 조선인의 계획수송이 시작된 것은 1945년
9월 2일부터이다. 하카타, 센자키(仙崎), 사세보(佐世保), 하고다테(函館)
항구가 이에 사용되었다. 일본 정부의 발표에 따르면 귀환 상황은 〈표
23〉과 같다.

즉, 1945년 12월 말일까지 63만 9천여 명이 귀환하고, 1946년 5월
12일까지 88만 3천여 명이 일본을 떠났다. 1948년 4월 1일 현재 송환

〈표 23〉 조선인 송환자 누계

연도	남조선	북조선
송환 기본 대상 수	938,640	351
1945년 09월~1946년 05월	883,543	0
1946년 12월 31일	929,772	0
1947년 06월 01일	933,351	233
1947년 11월 27일	937,323	351
1948년 04월 01일	937,323	351

『日本統計年鑑』에 의함

총수는 93만 7천여 명이 되었고, 대체로 남조선, 북조선 모두 기본 목표 수의 송환을 마치게 되었다. 일본 정부의 송환 누계가 실제의 귀환 총수보다 훨씬 적은 것은 말할 것도 없다. 종전 시의 인구에서 귀환이 일단락된 후 일본 내에 잔존해 있는 인구수를 빼면 귀환자 수가 되므로 이것을 계산해보기로 한다. 〈표 24〉는 전후 5년간 일본에서 이루어진 조선인에 관한 인구조사를 보여주는 것이다. 어느 인구조사도 불충분하다. 1950년의 국세조사에서도 충분히 파악되고 있지 않다. 따라서 전후 일본의 조선인 인구수는 외국인등록법에 기초한 등록 인구만한 것이 없다. 이 등록 인구 중 당시로서 가장 많은 것은 1948년 12월 말일 현재의 601,772명이다. 이 중에는 후술하는 바와 같이 다수의 유령 또는 이중등록이 포함되어 있으나 한편으로는 당시 다수의 미등록 인구도 존재했다. 그러므로 1948년 당시에 이 수가 상당히 실제 수에 가까운 것으로서, 종전 시의 인구수 210만 명에서 이 수를 빼면 전후부터 1948년 12월 말일까지의 사이에 약 150만 명의 사람들이 일본을 떠난 것이 된다. 그 중 일본 정부의 계획수송에 의한 자가 94만 명이므로 그 밖의 56만여 명은 계획수송이 아닌 다른 방편으로 귀환한 셈이 된다. 군사동원된 조선인 수까지 고려하면 60~70만 명의 조선인이 1945년 8월 15일부터 1946년 3월 중순까지 약 7개월간 자력으로 귀환한 것이 된다. 일본 정

〈표 24〉 전후의 조선인 인구조사

1945년 11월 01일	자원조사법에 기초한 조사	1,155,594명
1946년 04월 26일	1946년도 인구조사	232,602명
1947년 10월 01일	국세조사	508,905명
1950년 10월 10일	국세조사	464,277명

내각통계국 1940, 1944, 1945, 1946년도 인구에 관한 조사
내각통계국 1947년도 간이 국세조사 보고
내각통계국 1950년도 국세조사 보고

부의 통계가 정확하다면 이런 계산이 나오지만, 70만 명의 자력 귀환은
믿기 어렵다. 당시의 귀환 상황을 상기한다면 일본 정부의 통계에서 파
악되지 않은 사람들도 대부분은 계획수송에 따른 귀환이라고 생각된다.

　종전 직후 재일조선인의 귀환이 날이 갈수록 얼마나 치열해졌는지 시
노자키 헤이지는 앞의 책에서 다음과 같이 서술하고 있다.

　　귀환을 초조해한 조선인은 각지에서 승선지인 하카타, 센자키, 사세보로 쇄
　도했으므로 이들 승선지는 수습할 수 없는 대혼란에 빠졌다. …… 종전과 동
　시에 조선인의 대다수는 하루 빨리 돌아가고 싶은 마음에 재력이 있는 자는
　민간의 배를 구입해서 신속히 자력으로 귀환했으나, 그 밖의 사람들은 귀환할
　방법이 없어 그저 허둥대면서 매일같이 관계 당국에 진정하고 항의했다. 그
　중에서도 집단으로 이입한 노무자의 동요가 격렬했으며 귀국을 희망하는 이
　들로 각지에서 분쟁이 발생했다.

　8·15 '해방'은 일본에 있는 조선인에게 이중의 기쁨이었다. 그것은
갇혀 있던 조국의 해방이자 갇힌 신세가 되었던 자기 자신의 해방이었
다. 감옥같이 '괴로움만 많은' 일본 생활에 무슨 미련이 남으랴. '해방'
된 조국으로 쏜살같이 돌아가고 싶은 마음이었던 것이다. 여기서 우리
는 두 가지 점에 주목해야 한다. 하나는 당시 재일조선인의 일본에서의
생활이 얼마나 가진 것 없는 단출한 신세였던가, 또는 나그네 같은 것이
었던가 하는 점이다. 또 하나는 오늘날에 더 중요한 일인데 이때의 귀환
이 얼마나 심리적, 충동적인 것이었던가 하는 점이다.

　1946년 3월 18일에 총사령부(GHQ)는 전년 12월 말일로 일단 중단한
계획수송을 재개하기 위해 귀국 또는 영주 희망의 등록을 실시했다. 그
결과는 총 등록 수 646,943명 중 귀국 희망자가 514,035명으로 등록
총수의 80%가 귀국을 희망했다. 이 등록은 귀국을 희망하지 않는 자는

귀국권을 포기한 자로 간주한다는 선전하에 등록이 이뤄진 결과이기도 한데 어쨌든 80%가 영주권보다 귀국권을 선택한 사실은 틀림이 없다. 그러나 등록이 있은 지 2주일 후, 즉 1946년 4월 1일부터 재개된 계획송환에서 같은 해 12월 말일까지 귀환한 자는 겨우 72,000명에 불과하다. 그러므로 재일조선인의 전후 귀환은 사실상 1946년 3월의 춘경기(春耕期)를 앞두고 일단락되어 그 사이에 140만 명이 귀환했으며, 그 이후 1946년 말까지 약 10만 명이 귀환했다고 할 수 있다.

그렇다면 150만 명의 귀환은 재일조선인 중 어떤 층에 속하는 사람들일까. 우선 첫째로 징용자 또는 노무동원자인 82만 명은 대체로 전후 곧바로 돌아갔다고 봐도 좋다. 나머지 127만 명 중 반수인 64만 명이 마찬가지로 귀환하고 다른 절반이 일본에 남았다는 계산이 되는데, 수치상으로만이 아니라 오늘날의 재일조선인은 각 기간에 도항해온 인구의 약 반수가 남은 것으로 간주할 수 있을 것이다.

제2장

재일조선인의 생활

1. 인구수와 지역 분포

1) 전후의 인구수

전후 외국인등록법이 공포된 것은 1947년 5월 2일이다. 제1회 등록은 그 해 7월부터 12월 말일까지 실시되었다. 이후 1950년 1~3월, 1952년 9~10월, 1954년 10~11월과 1956년 10~11월에 외국인 등록 갱신이 이루어졌다. 앞에서도 서술한 바와 같이 전후의 재일조선인 수는 이 등록 인구가 유일한 기준이다. 1947년 말의 제1회 등록에서 재일조선인 수는 598,507명이며 이후 각 연말의 인구수는 〈표 25〉가 나타내는 바와 같다.

이 등록 인구에 따르면 1956년 9월말 현재[1] 일본 내에 586,646명의 조선인이 존재한다. 또한 이 수가 현재 재일조선인의 실제 수이다. 등록 인구 이외에 다수의(사람에 따라서는 10~20만 명 정도의) 조선인이 존재하는 것처럼 말하는 사람도 있지만, "목욕탕에 가는 데에도 외국인등록수첩의 제시를 요구받는"(해방신문) 상황에서 다수의 등록 외 인구가 존재

---

1) 1956년 10월부터 외국인 등록의 갱신이 실시되었다. 따라서 이 수치는 갱신 직전의 등록 총수이다.

〈표 25〉 전후의 조선인 인구표 (외국인 등록 인구)

연도	인구수	전년 대비 증감	자연증가 수	추계 귀국 수
1947	598,507명			
1948	601,772	3,265	8,379	5,114
1949	596,879	-4,893	8,425	13,318
1950	544,903	-51,976	8,356	60,332
1951	560,700	15,797	7,629	(+) 8,168
1952	535,065	-25,635	7,850	33,485
1953	556,084	21,019	7,491	(+)13,528
1954	556,173	89	7,785	7,696
1955	578,288	22,115	7,786	(+)14,329

추계 귀국 수의 (+)는 역귀국자 수를 의미하는 것이 아니라 외국인 등록 갱신에 기인한 것이다
각 연도 인구수는 연말 인구수이다

할 수 있다고는 생각하기 어렵다. 밀입국, 기타 이유로 미등록 인구가 존재한다고 해도 그 수는 전국적으로도 문제가 되지 않을 정도로 근소한 것으로 볼 수 있다.

다만 여기서 문제는 등록 외 조선인으로서 '준조선인'의 존재이다. 즉, 현재 일본에는 조선인과 결혼 또는 동거하고 있는 다수의 일본인 처와 그 자녀들이 있다. 이 경우에 대부분의 일본인 처는 외국인으로 등록하고 있지 않다. 또 그 자녀도 외국인으로서 입적하지 않는 경우가 많다. 이런 사람들은 실질적으로는 조선인으로서의 사회적 조건하에서 생활하고 있지만, 외국인 등록 인구로는 드러나지 않는다. 이러한 준조선인의 수가 5~10만 명 정도 존재하는 사실은 후술하는 바와 같다.

〈표 25〉에서 제시하고 있는 전후 인구의 변화를 보면, 우선 눈에 띄는 것은 인구수가 매우 고르지 않은 점이다. 이는 등록 인구라는 점, 즉 등록 갱신 때마다 수적인 변화를 초래하는 데서 기인한다. 갱신 연도에 등록 수가 실제로 수정되는 관계에 있기 때문이다. 그 중에서도 1950년에

5만여 명의 감소를 초래한 것은 1950년 제2회 등록 갱신 시 1947년의 등록이 식량 배급, 기타의 이유로 이중 등록, 유령 등록 등으로 수가 부풀려져 있던 것을 수정했기 때문이다. 또한 이것은 전반적 현상이지만 밀출국에 의해 귀국이 이루어졌을 경우에 그 귀국이 드러나는 것은 등록 갱신 때이므로 이 부분의 감소도 포함되어 있는 것이다. 1952년의 심한 감소도 일부는 이러한 수정 작용에 기초한 감소이다. 갱신 이듬해에는 반드시 등록 인구가 증가하는 것도 마찬가지로 등록 갱신에 의한 영향으로, 이 경우는 오히려 수정에 대한 재수정으로 증가한 것이다. 예컨대 미등록자의 등록 또는 전년도에 갱신하지 않은 자의 갱신 등록이 이루어지는 경우 등이다.

전후 인구의 자연증가를 측정하면 재일조선인의 증가 조건이 전후에 훨씬 양호해져서 앞서 서술한 기하 평균 증가율 0.01346을 0.014로 해서 이를 산출하면 표에 나타나 있듯이 연평균 8천 명 정도가 된다. 현재 전후 인구에서 1947년부터 1953년까지를 1단계로 보면 그동안 인구 전체의 감소는 42,423명이며, 자연증가 인구수는 위에서 서술한 바와 같은 추계라면 48,130명이 된다. 따라서 이 사이에 90,553명이 귀환한 것이 되는데, 1950년의 등록 갱신에서 5만여 명과 1952년의 갱신에서 2만 5천여 명의 감소 중 단순한 등록 수의 수정에 의한 감소가 약 3만 명이라고 가정할 경우, 실제 이 기간의 귀환자 수는 약 6만 명이 된다. 그러므로 1947~1953년의 6년간 재일조선인의 인구수 변화를 구한다면, 1년에 약 1만 명의 사람이 귀환하고 한편으로 약 8천 명의 자연증가가 일어나면, 인구 전체 수에서는 1년에 2천 명 정도의 감소이며, 6년간 겨우 1만 2천 명이 감소한 것에 불과했다고 말할 수 있다. 그러므로 자연증가 수에 비해 귀환자 수가 적을 경우 전체 인구수는 역으로 증가하게 된다.

이미 이 현상은 1954년부터 현저히 나타나고 있다. 1954년은 외국인 등록 갱신 연도로 종전의 사례에서 보면 등록 인구수는 감소해야 하지만 실제로는 조금이기는 하나 증가했다. 등록 갱신의 인구수에 대한 영향을 상쇄하기 위해 1954년과 1955년을 통산해보면, 이 2년간 인구수는 2만 2천여 명이나 증가했고, 위에서 상정한 바와 같이 인구의 자연증가 수를 훨씬 초과하고 있다. 이는 전후 재일조선인의 인구수가 1954년부터 증가 경향을 보이고 있음을 말하는 것이다.

전후의 인구수와 관련해서 언급하고 싶은 점은 이른바 '조선적(籍)'과 '한국적(籍)'의 문제이다. 외국인 등록에는 당연히 본인의 소속 국적을 기입하도록 되어 있다. 제1회 외국인 등록에서는 단순히 '조선'으로 기입하게 되었으나, 제2회 등록부터는 연합국 사령부의 지령으로 본인의 희망에 따라 '한국' 또는 '대한민국'으로 등록해도 상관없게 되었다. 이후 등록 국적은 원칙적으로 본인의 자유 선택에 맡겨졌다. 그 변화를 보면 〈표 26〉과 같다.

1950년 제2회 등록 갱신이 실시되었을 때, 조선적에서 한국적으로 전환한 사람은 39,418명이다. 그리고 1953년 12월 말일까지 합계 131,427

〈표 26〉 조선적과 한국적의 변화

연차	조선적	한국적	조선적 전년비	한국적 전년비
1949년 12월	596,879			
1950년 3월	495,818	39,418	-101,061	+39,418
1950년 6월	475,247	63,975	-20,571	+24,557
1950년 12월	467,470	77,433	-7,777	+13,458
1951년 3월	467,640	82,024	+170	+4,591
1951년 12월	465,543	95,157	-2,097	+13,133
1952년 3월	464,774	99,684	-769	+4,527
1952년 12월	413,122	121,943	-51,652	+22,259
1953년 12월	424,657	131,427	-11,535	+9,484

명의 한국적 등록자가 있었다. 이는 같은 해 재일조선인 총수의 약 22%
에 해당한다. 제2회 등록 종료 후부터 1953년 말까지 조선적에서 의식적
으로 한국적으로 갱신한 수는 그 사이의 인구 증가 2만여 명을 고려한다
면 7만에서 9만 명 사이로, 약 9만 명이 조선적에서 한국적으로 바꾼
셈이 된다. 이 경향은 무엇을 의미하건 특히 조선전쟁 이후에 촉진된 점
에서 주목해야 할 사항이다.

　조선적이건 한국적이건 일본에서의 대우는 하등 다를 바가 없다. 사
람들은 왕왕 이것을 재일조선인의 대한민국 정부 지지와 조선인민공화
국 정부 지지를 그대로 나타내는 것으로, 나아가 그 정치적 경향을 말하
는 것으로 간주한다. 분명 지금까지 조선적이었던 것을 한국적으로 바
꾸는 것은 의식적 행위이다. 그런 의미에서는 조선적을 한국적으로 전
환하지 않는 것도 의식 행위이다. 그러나 한국적으로의 전환이 의식적
인 행위라고 할지라도, 그것이 정치적인 의식에서 나온 것이라고 단정
할 수 없음은 물론이다. 조선적의 잔류 또한 그렇다. 학대받은 민족집단
인 재일조선인의 생활 감각은 그다지 문학적일 수 없다. 이것은 자명한
이치이다. 그럼에도 불구하고 이런 것이 반복해서 언급되는 원인은 조
선적 등록자 수와 한국적 등록자 수의 비율이 재일조선인 사이에서 정
치적 경향으로 감지되는 사실의 그것과 비슷하기 때문이다. 따라서 이
경우의 반대는 반드시 진실인 것은 아니다. 군이 재일조선인의 진정한
정치적 지지를 알고자 한다면 일본 내에서 오늘날 몇 십만 명의 조선인
이 극빈과 미래가 없는 생활로 나날을 지새고 있음에도 불구하고 고향
인 고국으로 돌아가기를 기꺼워하지 않는다는 점에서야말로 그것을 구
해야 하지 않을까. 더욱이 오늘날 변함없이 일본 정부나 일부 조선인 사
이에서 조선적인가 한국적인가를 운운하는 것은 국제적으로 분할되고
조장된 조선의 분단 상태와 38도선을 재일조선인 사이에까지 무리하게

만들려는 것이라고 할 수 있다.

2) 지역별 분포

일본 내 조선인의 분포를 도부현(都府県)별로 보면 〈부표 2〉[2]가 제시하는 바와 같다. 이것을 지구별로 나누면 〈표 27〉과 같으며, 여기서 각 지구의 구분 방식은 〈부표 2〉를 참조하기 바란다. 〈표 27〉에 의하면 재일조선인의 40% 가까이가 교한신(京阪神) 지구에 집중해 있다. 이 점이 지역 분포에서 첫 번째 특색이다. 이는 오늘날에 그러할 뿐만 아니라 전전에도 마찬가지이다. 그 원인은 교한신 지대가 조선에 가까운 최대 상공업의 중심지인데다 조선인 노무자에 대한 최대의 수요지였기 때문이다. 한편 이런 연원에서 비롯되어 이 지대에 조선인 도항자의 누적작용이 일어나 그들의 집합소가 되었기 때문이다. 이에 대해 고베시와 오사카시 당국은 도항 조선인의 한신(阪神)지방으로의 집중을 한탄하며 "조선인은 시모노세키에 상륙하면 약속이라도 한 듯이 모두 한신지방으로 온다"고 언급하고 있으나, 이런 누적작용은 조선인의 일본 도항이 유민적인 특질을 갖는다는 점에서 불가피한 것이었다.

그리고 교한신 지구 이서(以西), 즉 주고쿠(中国) 지구, 시코쿠(四国) 지구, 규슈(九州) 지구를 합하면 재일조선인 총수의 62.2%에 해당하고, 여기에 주부(中部) 지구를 넣으면 75.2%가 된다. 따라서 남은 25% 정도가 간토(関東) 및 도호쿠(東北) 지구와 홋카이도(北海道)에 산재해 있다.

오늘날의 지구별 분포 상태와 전전의 그것을 비교하면, 1920년부터 현재에 이르기까지 큰 변화가 없다. 그러나 양적 표현은 근소하지만 그

---

2) 제1장 주18)에서 밝힌 것처럼 〈부표 2〉도 원문에는 존재하지 않는다-옮긴이.

<표 27> 지역별 인구 분포 변천

지구별	1920		1930		1940		1953	
홋카이도 지구	3,462	8.5%	15,560	3.8%	43,360	3.5%	9,753	1.8%
도호쿠 지구	717	1.8	6,048	1.4	17,633	1.4	19,785	3.6
간토 지구	572	1.4	6,574	1.6	22,658	1.8	24,485	4.4
도쿄 지구	3,267	8.0	51,536	12.3	124,419	10.0	67,200	12.1
호쿠리쿠 지구	279	0.7	10,859	2.6	28,308	2.3	16,221	2.9
주부 지구	2,092	5.1	66,312	15.8	150,045	12.1	72,358	13.0
교한신 지구	11,777	28.9	166,188	39.7	518,594	41.9	213,661	38.4
주고쿠 지구	5,005	12.3	37,001	8.8	146,592	11.8	66,240	11.9
시코쿠 지구	370	0.9	4,805	1.1	14,226	1.1	6,824	1.2
규슈 지구	13,195	32.4	54,106	12.9	174,466	14.1	59,553	10.7
소계	40,736	100.0	418,989	100.0	1,240,301	100.0	556,084	100.0
기타 지역	19	—	20	—	1,014	—	—	—
합계	40,755		419,009		1,241,315		556,084	

근저에는 하나의 뚜렷한 경향이 보인다. 그것을 한마디로 표현하면 내부 침투 경향 또는 분산화 경향이다. 그 첫 번째는 인구 분포에서의 동진(東進)이다. 1920년에는 조선에서 거리적으로 가장 가까운 규슈가 도항해온 조선인의 집적장이고, 다음으로 전라남도 및 제주도에서 건너온 자들의 최초 상륙지인 교한신 지대가 그 뒤를 이었다. 그러나 1930년에는 압도적으로 교한신 지구와 그 다음으로 주부 지구로 옮겨갔다. 1940년의 분포는 노무동원 수도 가세하여 특수한 분포를 보이고 있으나, 전후 오늘날의 분포는 동진 경향을 더 강화하고 있다. 즉, 1920년부터 1953년에 이르는 동안에 인구 분포 비율이 계속해서 증가하고 있는 것은 도호쿠, 간토, 호쿠리쿠(北陸) 지구이다.

둘째로 인구 분포의 내부 침투 경향보다 더 중요한 것은 분산화 경향이다. 지금 인구 총수가 비교적 비슷한 1930년과 1953년의 분포 상태를 비교해볼 경우, 1930년에 비해 1953년에 분포 비율이 증가하고 있는 것은 도호쿠, 간토, 호쿠리쿠, 주고쿠, 시코쿠 지구이며, 역으로 감소하고 있는 것은 도쿄, 주부, 교한신, 규슈 지구이다. 전자는 재일조선인이 집중해 있지 않았던 지구이고, 후자는 그 집중 지대이다. 따라서 1930년과 1953년의 분포 비율의 변화가 말해주는 것은 집중 지대에서 비집중 지대로의 분산화 경향이다. 이런 경향은 다음 사실에 의해서도 뚜렷하다. 1953년도 분포 상태 중 거주 인구 1만 명 이상의 도부현은 11곳이며, 이곳의 인구 합계는 39만 9천여 명으로 재일조선인 총수의 72%를 차지한다. 나아가 1930년도 인구 분포에서 인구가 많은 도도부현(都道府県) 중 11곳을 골라 그 거주 인구를 합산하면 31만 4천여 명으로 같은 해 인구 총수의 78%이다. 마찬가지로 1920년도는 3만 2천여 명으로 81%이다. 한편, 총인구를 도도부현 수로 나눈 평균 인구 이상의 도도부현을 조사해보면 1920년에는 9곳, 1930년에는 10곳, 1953년에는 11곳이다.

이와 같은 내부 침투 경향 또는 분산 경향은 특히 전후에 현저해졌는데, 이것은 무엇을 의미하는가. 이것은 무엇보다도 일본에 있는 조선인의 직업 및 생활 양태에서 기인한다고 생각된다. 즉, 재일조선인이 일용직, 넝마주이 등의 빈민적 존재, 또는 음식점, 유흥업소 등과 같은 성질의 소기업자적 존재로서 일정 지역에서 일정량의 일본인 인구수에 대해 일정량의 조선인의 존재 또는 생업이 가능하기 때문에, 이런 동기에서 조선인이 거주하지 않은 지구로 이동하기 때문이다. 오늘날 일본의 전국 어느 지역을 가도 조선인이 거주하지 않는 곳은 없다고 해도 좋을 정도로 재일조선인이 분산해 있는 것은 이런 유민적 존재 방식에서 온 것이다. 그리고 이 내부 침투 경향은 동시에 재일조선인의 동화 경향의 필연성을 말해주는 것이다.

지구별 분포에서 눈에 띄는 점으로 전후 홋카이도 지구에서 조선인이 현저하게 감소한 것은 홋카이도 내 조선인의 대부분이 종전에 탄광이나 작업장의 함바(飯場, 토목공사장이나 광산 등지에서 노동자들이 숙식을 하도록 임시로 지은 노무자 합숙소-옮긴이) 생활자였기 때문이다. 즉, 그로 인해 그 지역에 하등의 생활 지반 없이 생활해왔기 때문에 전후 이 함바생활자들이 귀국한 데서 오는 감소이다.

2. 직업

1) 조선인 직업의 기본 조건

일본으로 건너온 조선인이 어떤 직업에 종사하는가는 그들 노동력에 대한 일본 내에서의 수요에 달려있다. 그리고 이 수요의 구체적 양태는 일본 경제 전체의 부침(浮沈)을 포함한 노동력 수급관계와 그곳에 나타나는 조선인 노동력의 질 여하에 따라 규정된다. 그러나 수요가 있는 한 어떤 산업에서 필요로 하는가는, 노동력도 하나의 상품으로서 그것이 갖는 사용가치, 즉 도항 조선인 노동력이 갖는 특질에 따라 규정된다. 따라서 조선인이 일본 내에서 어떤 직업에 종사할 수 있었는지는 무엇보다도 일본의 노동시장에 나타난 조선인 노동력의 질에 의해 결정되었다고 할 수 있을 것이다.

그렇다면 도항 조선인 노동력의 특질이란 무엇인가. 그것을 나타내는 것이 〈표 28〉이다. 이것은 후술하는 도쿄, 교토, 오사카, 고베의 각 도시 거주자에 관한 조사 중 세대주에 대한 계수이다. 먼저 도항 전 조선에서의 전직(前職)에 대해 보면, 각 도시 모두 공통되게 총수의 90% 가까이가 농업이다. 조선 내에서 다른 직업에 종사함 없이 곧바로 일본으로 건너온 농민들이라는 점이 재일조선인의 기본 특징임은 앞에서도 서술한 바이나, 이것은 동시에 도항 조선인 노동력의 특질이기도 하다. 즉, 근대적 산업노동의 경험이 전혀 없는 미숙련 농민 노동이라는 점이 도항 조선인 노동력의 기본적 성격이다. 더욱이 도항 조선인 노동력이 유년 노동이 아니라 성인의 그것이라는 점에서 이 성격은 결정적이다.

오사카시 사회부 조사[3]는 이 점에 대해 다음과 같이 서술하고 있다. "조선인 노동자는 대개 내지의 집약적 농경 기술에 숙련되어 있지 않은 결과 농업에 종사하는 조선인은 비교적 적다." 농경부문에 종사하는 조선인이 적었던 것은 이런 이유에서가 아님은 물론이나, 이것은 도항 조선인의 노동력이 일본의 산업노동 측에서 볼 때 얼마나 전(前)시대적인 성격의 것으로 간주되었는지를 말해주는 것이다. 도항 조선인 노동력의 이런 조선 농민적 성격으로 인해, 그들이 취업할 경우에 일본의 근대적 산업노동자의 노동을 충분히 대체할 수 없다고 결론을 낸다. 이입된 조선 쌀은 일본 내에서 일본 쌀에 대해 완전한 대체성을 가질 수 있었지만, 조선인 노동력은 이와 같은 대체성을 가질 수 없었다.

오사카시 사회과의 다른 조사[4]가 "원래 일본인과 조선인 노동자 사이에는 노동단위로서의 능률에 큰 차이가 있으므로 곧바로 대체 문제에 봉착하지는 않는다. 마치 일용직 노동자의 증가는 숙련공의 생활을 직접 위협하는 경우가 적은 것과 마찬가지로, 조선인 노동자의 왕래가 곧바로 저렴한 노동력에 의해 내지 노동시장을 교란하는 것은 아니다"라고 언급하고 있는 것은 이런 비대체성에서 오는 현상을 가리키는 것이다.

다음으로 학력 정도에 대해 조사한 것을 보면 무학자가 각지 모두 총수의 60~70%로 높은 비율을 차지한다. 한문사숙(漢文私塾)을 다닌 적

3) 大阪市社会部労働課, 『朝鮮人労働者の近況』(1933).
4) 大阪市社会部調査課, 『朝鮮人労働者問題』(弘文堂書房, 1924).

<표 28> 도항 조선인의 전직 및 지식 조사

구분		도쿄	교토	오사카	고베
도항 전 직업	농업	90.7%	85.9%	86.8%	88.2%
	농업 이외	9.3	10.8	8.3	7.7
	무직	–	3.3	4.9	4.1
	합계	100.0	100.0	100.0	100.0
세대주의 학력 정도	무학	62.0	68.8	61.5	69.0
	한문사숙	9.5	5.3	21.2	22.0
	소학교	23.2	22.8	14.3	6.0
	중학	2.4	1.7	2.7	2.0
	기타	2.9	1.4	0.3	1.0
	합계	100.0	100.0	100.0	100.0
일본어 해독 정도	전체 해독	47.1	46.2	22.6	22.2
	약간 해독	31.6	17.3	54.2	57.9
	불능	21.3	36.5	23.2	19.9
	합계	100.0	100.0	100.0	100.0

이 있다든가, 보통학교(일본의 소학교)를 중퇴나 졸업한 정도(이 정도의 학력이 의미하는 것은 자신의 이름을 쓸 수 있는 정도이기는 하지만)의 학력자가 각지 평균 20~30%이다. 중학 이상의 학력자는 겨우 전체의 2~3%에 불과하다. 무학이 60~70%의 높은 비율을 차지하는 것은 전(前)시대적 농민 노동의 성격의 한 측면을 나타내는 것이나, 동시에 근대적 산업이 필요로 하는 숙련 노동을 도항 조선인이 습득할 수 없음을 즉, 주체적으로나 객관적으로 그것을 습득할 조건을 결여하고 있음을 의미한다. 따라서 전시대적 농민 노동의 성격은 이들 조선인이 근대적 산업노동자의 입장에 서는 것을 방해할 뿐만 아니라, 그것을 위해 필요한 숙련 노동의 습득도 불가능하게 만들었다. 더욱이 일본어의 해독 상태가 이런 성격에 있어 화룡점정의 역할을 했다. <표 28>의 일본어 해독 정도를 볼 때 주의해야 할 점은 이 조사가 일본에 와서 어느 정도 세월이 경과한 거주

인구에 대한 것이라는 점이다. 그럼에도 50~70% 정도가 약간 해독 또
는 전혀 불능이다.

도항 조선인의 노동력은 이상과 같은 전시대적 농민 노동이라는 특질
외에 또 하나 기본적인 특징을 갖고 있었다. 그것은 도항 조선인이 조선
농촌에서 몰락 파산한 배출 인구이며, 유민으로서의 존재라는 점에서
비롯된 것이다. 즉, "내지로 안주할 땅을 찾아 남자는 담뱃대 하나 손에
들고, 여자는 바가지를 꽉 끌어안고 현해탄을 건너게 된"[5] 도항 조선인
의 입장은 일본의 노동자와는 비교할 수 없을 정도로 모든 생활수단에
서 단절된 프롤레타리아로서의 그것이며, 자신의 노동력을 파는 외에는
생활할 길이 없는 절체절명의 처지에 놓여 있는 자이다. 도항 조선인의
유민적 조건은 그들을 이와 같이 자기 노동력을 파는 것 이외에 어떠한
연명 방법도 없는 입장으로 내몰았다.

그렇다면 이런 특질들은 조선인의 취로에 어떤 결과를 초래했을까.
그것은 일본 내 노동시장에서 근대적 산업노동자를 대체할 수 없는 단
순한 육체노동자로서, 또한 단순 육체노동의 궁핍한 판매자로서 도항
조선인의 노동력이 등장했음을 의미하고, 한편 이런 성질의 것으로서
수요 되었음을 의미하는 것이다. 일본 내에서 종래 조선인 노동력 고용
에서 보편적인 것으로 거론되어온 '저임금', '장시간 노동' '불쾌, 불결
한 과격 노동'의 3대 조건은 바로 조선인 노동력의 이와 같은 특질에서
기인한다. 이런 고용 조건의 노동력을 최대로 필요로 하는 산업부문은
무엇인가. 말할 필요도 없이 토목건축업이며, 거기서의 토공과 인부이
며, 탄광의 채탄부이며, 또한 예컨대 분뇨수거 업종과 같은 것이다. 재
일조선인의 직업에서 전전, 전후를 통해 토목건축업의 토공과 인부가

---

5) 武田行雄, 「内地在住半島人に就て」, 人口問題研究会編, 『人口問題資料』 第30輯 (1938).

압도적 지위를 차지하고, 조선인이 일본으로 건너온 당초에 대체로 한 번은 이 관문을 거친 이유가 여기에 있다.

앞서 든 1924년의 오사카시 조사[6]는 토목업에서 조선인 노동력이 갖는 의미를 다음과 같이 서술하고 있다. "조선인 노동자가 다수를 차지하는 토공인부업에서 그들은 내지 노동자를 몰아내고 대체하며 그 지위를 차지한 것이 아니라 내지 노동자의 결원을 메운 것이라고 간주해야 한다. 원래 내지에서 토공인부업은 일반적으로 비천한 직업으로 기피되었고, 토목공사를 일으킬 때는 종래 적지 않은 토공인부의 모집난을 겪었다. 저렴한 노임과 저급한 생활로 인해 내지인 토공인부를 내몬 것이 아니라 내지인 토공인부의 최하급자의 수하에서 사역당하는 것이다."

또 고베시 사회과의 조사[7]는 다음과 같이 서술한다. "내지 노동자에게 조선인 노동자의 출현은 큰 위협이다. 그들의 저렴한 임금과 아무리 더러운 노동에 배치되어도 묵묵히 따르는 기풍에서는 도저히 내지인 노동자는 비교가 되지 않았다. 토목업에 속하는 여러 종류의 잡역 노동은 그 성질상 누구라도 신체만 강건하면 가능하다는 특유의 조건에 의거하지만, 그들의 조의조식(粗衣粗食)의 소박한 습관을 견딜 수 있는 성질을 가지고 내지인 노동자를 완전히 시장에서 구축해버린 것 같은 모양새이다." 채탄부에 조선인 노동력이 많이 사용된 것도 이런 이유에서이다. 그러나 일본의 노동시장에서 조선인 노동력이 최하급의 것으로 취급당한 것을 가장 선명하게 보여준 것은 분뇨수거업의 경우이다. 1940년 가까이 되면 일본 내 각 도시에서 분뇨수거는 전부가 예외 없이 조선인의 손으로 이루어졌다.

---

6) 大阪市社会部調査課, 앞의 책 『朝鮮人労働者問題』.
7) 神戸市社会課, 『神戸市在住朝鮮人の現状』(1930).

조선인 노동력의 성격에서 오는 이와 같은 수요 양태의 특이성은 공업 부문의 고용에서도 마찬가지로 뚜렷하다. 〈표 29〉는 1930년 6월 현재, 오사카시의 조선인 공장노동자에 대해 조사한 것이다. 시내 거주 조선인 총수는 68,759명이며, 그 중 18,964명이 공장노동자이다. 30인 이상의 노동자를 사용하고 있는 공장에 고용되어 있는 노동자가 8,092명이며 이 표는 그들에 대해 조사한 것이다. 이 조사는 이 표에 대해 "공장노동에 종사하는 자도 주로 유리, 섬유, 화학공업 등 특히 고통이 심하고 내지인 노동자가 싫어하는 불쾌, 과격한 근육노동을 필요로 하는 공장에 다수 사용되고 있는 형편이다. 이처럼 조선인 노동자의 대다수가 약속이라도 한 듯이 요업, 금속, 화학, 섬유, 목죽(木竹) 등의 공장에서 다수 일하고 있는 사실은 유리, 에나멜, 법랑, 도금, 비료, 제재(製材) 및 메리야스 등 유치한 비교적 임금이 싸고 과격한 노동을 필요로 하는 공장 이외에서는 별로 수요가 없다는 것을 보여주는 것이다. 말할 필요도 없이 내지인 노동자가 이런 과격하고 불쾌한 공업에서 노동하기를 꺼려하는 데 반해 조선인 노동자는 굳이 이런 종류의 노동을 꺼리지도 않고, 공장주 측에서 보면 설령 내지어를 못 하고 일에 숙련되지 않았더라도 꽤 쓸모가 있으므로 결국 이런 종류의 공장노동에서는 조선인 노동자가 점차 내지인 노동자를 대체하고 있다"고 설명하고 있다.

이는 공장노동에 종사하는 조선인 노동자 전반에서 보이는 현상으로, 그 일례로 교토시의 경우를 보면 다음과 같다. "본 시 특수 산업부문인 방직산업에서 조선 출신 동포 노동의 침윤이 현저함을 안다. 더욱이 그 업종은 본 시에서 그 특수성에 상응하여 다종다양하나, 특히 많은 것은 염색업 및 그에 부속된 증수세업(蒸水洗業) 등이며, 그 수는 방직공업 종사자의 46%, 즉 약 반수를 차지한다. 기타 직물공, 유공(紐工), 쇄직(晒職), 날염공, 홀치기염색, 연료공(撚料工) 등에도 모두 백 명 이상의 종사자가 있다. 이런 현상은 본 시의 염직공업의 규모가 매우 작고, 따라서 가장 저렴한 노동력을 기초로 해야만 다른 대공업과 대항할 수 있으므로 조선 출신 동포 노동은 이런 업자의 희망을 실현하는 것으로서 환영받았다고 할 수 있다."[8]

<표 29> 30인 이상 사용 공장의 조선인 노동자 부문별 분포

공업부문별	인 수	비율
요업(窯業)	2,929명	36.2%
금속공업	1,654	20.4
섬유공업	1,293	16.0
화학공업	775	9.6
목죽에 관한 제조업	498	6.2
기계기구공업	266	3.3
피복공업	147	1.9
토목업	155	1.9
기타	375	4.5
합계	8,092	100.0

大阪市社会部労働課, 『朝鮮人労働者の近況』(1933)

이리하여 도항 조선인은 자신이 갖는 노동력의 전시대적 농민 노동으로서의 기본 성격으로 인해, 또한 한편으로 유민적 존재라는 처지에서 "지식이 낮고 노동 능률도 매우 저열"하다든가 "하층 노동이라면 어떤 노동에도 사용할 수 있다"든가, 또는 "순전한 노동력만을 요구하는 방면에서 환영받는"[9] 존재라는 낙인하에 "불쾌·불결·과격한 장시간 노동에서의 저임금"이라는 고용 조건으로 주로 토목건축의 토공인부, 채탄부, 공업에서의 최하층 노동부문 등에 종사하게 된 것이다. 따라서 도항

---

8) 京都市社会課, 『市内在住朝鮮出身者に関する調査』(1937).
9) 大阪市社会部労働課, 『朝鮮人労働者の近況』(1933).

조선인은 일본의 근대적 산업노동의 중추 부분에서는 일본인 노동자를 대체할 수 없었지만, 그 대신 "최하층의 노동"에서는 충분히 보충 또는 대체했으며 일면에서는 일본인 노동자와 경합관계에 있었다. 이 점에 대해서 앞서 언급한 1930년 오사카시의 조사는 "조선인 노동자는 그들만이 갖는 불쾌·불결·과격한 노동을 꺼리지 않는 성정과 저렴한 임금에 의해 마치 악화가 양화를 구축하듯이 하급 비숙련 노동 또는 단순 근육노동을 필요로 하는 저급 노동시장에서 점차 내지인 노동자를 구축하는 경향이 있다. 그리고 그 결과는 내지인 노동자를 상층 노동으로 밀어 올리게 되므로 당연히 심각한 실업에 노출되지 않을 수 없는 것이다"라고 서술하고 있다.

자신의 노동력을 파는 이외에 어떠한 생활수단도 갖고 있지 않은 조선인 노동자가 이런 저임금의 경쟁에서 일본인 노동자보다 우위에 있었던 것은 수긍할 수 있으나, 이것은 어디까지나 노동력 수급의 총량에서 조선인 노동력의 보충이 필요하다는 전제하에서이다. 그렇기 때문에 노동력 과잉의 경우에 제일 먼저 방출되는 것은 조선인 노동자이다. 오사카시의 위의 조사는 이어서 "임금이 저렴한 점은 노동자 부족의 경우에는 그 수요를 크게 높이는 이익이 있는 반면, 노동 능력이 하층 노동에 국한된 결과, 사업계가 부진할 경우는 내지인의 노동자에 비해 한층 더 실업의 위험을 피할 수 없는 것 같다"고 언급한다. 토목업이나 석탄산업 또는 중소 규모의 공업부문은 호황이면 급격한 고용의 확대를 필요로 하지만, 일단 불황이면 그 이상으로 급격히 해고를 단행한다. 그 경우 조선인 노동력은 보충적으로 고용된 관계에서, 또는 미숙련 노동이기 때문에, 더욱이 식민지 유민의 노동력이기 때문에 제일 먼저 해고되었던 것이다. 게다가 도항 조선인의 직업의 대부분은 이런 부문에 집중해 있었다. 따라서 도항 조선인이 조선의 농촌 사회로부터 배출된 인구이기 때문에 그것이 갖는 노동력의 기본 성격이 전시대적 농민 노동이며, 그로 인해 일본 내에서의 취업이 토목, 채탄, 중소공업의 최하층 노동에 한정된 것이었다고 한다면 실업 또한 '재일조선인'이라는 존재에게는 본질적이고 불가역적인 일이었다고 말할 수 있다. 그리고 이와 같은 실업으로 인해 일본에 있는 조선인에게 제2의 직업, 보다 정확히 말하면 제2의 천직이라고 할 수 있는 것이 생겨났다. 넝마주이, 일용인부, 고물상, 기타 가지가지 도시 빈민적 부업이 그것이다.

재일조선인은 그 유민적 성격에 기인하여 고향에 아무것도 남기지 않았으나, 그 이상으로 일본 내에서는 자신의 노동력 이외는 아무런 생활수단도 생활 지반도 갖고 있지 않았다. 의지할 친척, 지인이 있는 것도 아니고 저임금으로 하루하루 살아가는 생활에 저축이 있는 것도 아니다. 그래서 조선인 노동자는 취로에서 본질적으로 실업을 겪을 수밖에 없음에도 불구하고 이른바 실업 구멍(Unemployment hole)이라는 것이 없었다. 실업하면 그날부터 길바닥에 나앉아야 하는 조건하에 있었다. 따라서 필연적인 그래서 때때로 발생하는 실업 시에는 그것이 무엇이건 어쨌든 생업을 찾아야만 한다.

그 구체적 형태는 넝마주이, 일용인부, 도우미, 고물상 등이다. 조선인 노동자에게 실업이 항상적일수록 이런 직종도 항상적인 것이 된다. 1935년 3월 사회국 사회부의 '실업자 생활 상태 조사'에 따르면 조선인 실업자 총수의 74%는 토목 종사자이다. 따라서 도항 조선인의 최다 직종 토목업에서 끊임없이 이런 업종으로 실업자가 떠밀려갔고, 호황기에는 여기에서 다시 조선인 노동력이 필요한 산업부문으로 옮겨 갔던 것이다. 그러므로 이 직종은 조선인 노동력에 있어 산업노동 예비군의 집합소이기도 했다. 이 점에 대한 교토시의 조사를 보면 〈표 30〉과 같다. 조사 당시 교토시의 조선인 직업 분포는 총수의 41.6%가 토목건축업이

고, 24.6%가 방직공업이다. 피조사자 중 일본에서의 전직이 토목건축이
었던 사람이 2,729명이고, 조사 당시 현재도 같은 토목노동에 종사하고
있는 사람의 수는 2,107명이다. 따라서 그 차이 622명은 그 사이에 토목
업에서 다른 직업으로 전환한 셈이 된다. 이 표는 그 전업처를 제시한
것이다. 즉, 방직업의 염색공이 206명, 자동차운전사가 53명, 짐차끌기
가 71명이며, 분뇨수거가 129명, 넝마주이와 쓰레기 선별이 39명 등이
다. 불황이 지속된 쇼와 초기에는 결국 이와 같은 업종에 도항 조선인의
대량적, 집중적인 누적작용이 이루어져 이후 넝마주이, 헌옷상, 일용인
부, 도우미 등 도시 빈민적 직종이 마치 재일조선인의 천직인 듯한 모습
을 보이게 되었다.

〈표 30〉 토목업에서의 전업 조사

방직업	206명
자동차운전사	53
짐차끌기	71
트럭하역(荷役)	30
분뇨수거	129
넝마주이	22
청소부	19
쓰레기 선별	17
기타	75
합계	622

京都市社会課, 『市内在住朝鮮出身者に関する調査』(1937)

　같은 교토의 조사는 이 상태를 다음과 같이 서술하고 있다. "상업 중
가장 다수를 차지하는 것은 고물 및 쓰레기 매입과 같은 종류로, 그 수가
상업 총수의 33%를 차지한다는 사실은 종래 도시의 경제적 약자가 전

락해서 영위했던 직업을 다시 위협할만한 다른 계급이 새로 발생했음을 의미하는 것이다. 이는 종전의 쓰레기 매입업자 일반에게 공황을 초래하는 동시에 조선 출신 동포 도항자가 도착 처음부터 이런 계급으로서 약속받는 불행한 운명을 어쩔 수 없는 사실로서 인정하지 않을 수 없게 만든다. 그러나 이런 쓰레기 매입은 그래도 쓰레기를 구입해서 도매상에 넘기는 상업의 부류에 속하지만, 이 영역에 도달하지 못하고 이른바 폐품줍기 또는 넝마주이로서 길가의 쓰레기 더미를 뒤지는 비참한 운명의 사람도 다수 존재한다. 사실 근래 시내의 쓰레기 더미에서 내지인의 모습은 사라지고 거의 조선 출신 동포가 이 일을 독점하여 청장년의 남자, 부녀자까지 이 일을 하고 있음을 발견할 때, 시 전체에서 그 수는 훨씬 많으리라 예상된다. 동시에 조선 출신 동포 도항자의 다수가 이런 비참한 운명으로까지 내몰리고 있음을 알 때, 그것이 그들의 숙명이라며 간과하기 어려운 점이 있다."

도항 조선인의 일본에서의 직업은 이렇게 제1종의 최하층 노동으로서의 산업노동 아니면 제2종과 같은 실업자 노동이다. 전자는 일본의 산업노동자로서 취로에서의 직업이고, 후자는 산업노동 예비군으로서 실업에서의 직업이다. 그 결과, 주로 토목노동, 채탄부, 최하급 공업노동과 일용인부, 도우미, 분뇨수거, 쓰레기 매입, 고물상 등이 일본에서 조선인의 직업이 되었고, 거기서의 생활이 일본 제국주의가 도항해온 조선인에게 나눠준 자리이기도 했다. 조선인이 일본에 와서 이런 직업에 종사하게 된 기본이 무엇보다도 조선의 식민지화에 따른 파산 농민의 유민적 도항에 있었다고 한다면, 일본 내에서 조선인에게 주어진 이런 자리는 또한 일본 제국주의의 예속 아래 있던 조선인에게는 불가피한 숙명이기도 했던 것이다.

마지막으로 도항 조선인 노동력의 질이 취업에서 얼마나 결정적인 역

할을 했는지를 보기 위해 참고로 〈표 31〉의 교육 정도별 직업 인원에
대한 고베시의 조사를 제시한다.

〈표 31〉 재일조선인 직업별 교육 정도

직업		무교육	서당교육	보통학교	중학교
토목 기타	토목	232명	19명	152명	4명
	하역	234	3	88	2
	도우미	450	21	142	3
	합계 비율	57%	3%	24%	–
공업	고무공	37	12	182	10
	제유공(製油工)	13	1	7	1
	철공	36	9	34	6
	가와사키(川崎)직공	22	11	50	12
	인쇄공	0	0	13	2
	가스공	1	1	2	0
	유리공	2	0	4	0
	견습	3	1	10	0
	잡공(雜工)	99	17	188	18
	합계 비율	25%	6%	60%	6%
사용인	점원	4	1	27	0
	음식점 고용인	12	0	53	4
	목욕탕 고용인	18	3	46	1
	합계 비율	20%	2%	75%	2%
잡업	선원	2	0	11	2
	사무원	0	1	3	10
	합계 비율	–	–	49%	45%
상업	하숙	45	8	20	2
	요리업	7	1	17	2
	잡상	2	2	7	3
	엿 행상	12	1	11	0
	기타	4	7	24	4
	합계 비율	39%	10%	40%	8%

神戸市社会課, 『神戸在住朝鮮人の現狀』(1930)

2) 전전의 직업

전전 일본 내 조선인 직업에 대해서는 내무성 경보국의 통계가 약간 발표되어 있다. 이 통계는 내무성이 발표한 연차별 인구수와 공통된 결함을 갖고 있다. 따라서 재일조선인의 직업에 관한 전국적인 수치로서는 국세조사가 유일한 것이다. 즉, 1920년, 1930년, 1940년 국세조사의 산업별 직업별 인구이다. 이것을 기준으로 만든 것이 〈표 32〉이다. 재일조선인의 산업 및 직업별 분포는 전술한 바와 같이 특수한 점이 있으므로, 이 표에서는 산업별 대분류를 중심으로 중분류와 소분류의 항목을 일부 가미하여 직업 분류의 구분으로 삼았다. 여기서 한 가지 언급해 둘 것은 1940년의 수치는 내각통계국에 있는 조사 집계 원표(原票)에서 필자가 직접 집계한 것이므로 완전히 정확하다고는 말하기 어렵다는 점이다.

이 표에서 1920년은 조선인 도항 유치기의 것이며 1930년은 억제기, 1940년은 강제징용기의 직업 분포이다. 즉, 1920년은 조선 농촌의 인구 배출과 일본 내의 조선인 노동력 유치 움직임이 맞물려 이루어진 도항이 1917년경부터 시원적으로 일어난 직후의 시기에 해당하며, 1930년은 산미증식계획의 진전에 따라 결정적으로 파산 몰락한 조선 농민이 불황하의 일본으로 쇄도해 그대로 실업 부랑자로 쌓여 이른바 '조선인' 적인 유민 생활이 광범위하게 전개된 시기의 것이다. 1940년은 전쟁과 그에 따른 생산 확장을 위해 조선인 노동력이 노무동원의 방법으로 일본으로 끌려오기 시작한 시기의 것이다. 이런 전제하에서 이 표를 보기로 하자.

<표 32> 전전의 재일조선인 직업표

A. 실수(實數)

직업	1920년	1930년	1940년
농림업	1,287	20,058	27,511
수산업	594	1,444	4,094
광업	5,534	16,304	68,636
공업일반	12,138	74,396	179,976
토건업	7,290	63,770	100,258
상업일반	1,215	17,892	32,563
고물상			38,104
음료서비스업	558	8,956	6,914
운수업	4,113	20,985	36,238
공무(公務)자유업	372	1,465	10,848
가사 사용인	4	3,368	4,224
일용노무자	2,109	19,125	13,927
기타 직업		12,247	
소계	35,214	260,010	523,293
무직자	1,441	24,931	178,580
(수입에 의한 생활자)	81	12	892
(무업자)	1,360	5,618	955
(학생)		18,974	174,546
(수감자)		327	2,187
합계	36,655	284,941	701,873
종속자(從屬者)	4,100	134,068	539,442
총계	40,755	419,009	1,241,315

1920년도 수치는 내각통계국 1920년도 국세조사 보고에 의함
1930년도 수치는 내각통계국 1930년도 국세조사 보고에 의함
1940년도 수치는 1940년도 국세조사의 계수이나, 내각통계국 소장 조사 원표로부터
필자가 임시 집계한 것임

1920년의 재일조선인의 직업 분포는 매우 단순하다. 왜냐하면 이 시기에는 도항 조선인의 전시대적 농민 노동이 그 특질에 따라 팔려 저임금과 장시간 근육노동을 필요로 하는 부문, 그래서 일본인 노동자가 꺼리는 산업부문에 집중적으로 수요대로 몰렸기 때문이다. 즉, 가장 많은

B. 비율

직업	1920년	1930년	1940년
농림업	3.7%	7.7%	5.2%
수산업	1.7	0.5	0.8
광업	15.8	6.3	13.1
공업일반	34.5	28.6	34.3
토건업	20.8	24.6	19.1
상업일반	3.4	6.9	6.3
고물상			7.3
음료서비스업	1.6	3.4	1.3
운수업	11.7	8.1	7.0
공무자유업	1.0	0.5	2.1
가사 사용인	–	1.3	0.8
일용노무자	5.8	7.4	2.7
기타 직업		4.7	
합계	100.0	100.0	100.0
유업자(有業者)	86.4	62.0	42.1
무업자(無業者)	3.6	6.1	14.5
종속자	10.0	31.9	43.4
총계	100.0	100.0	100.0

것은 공업 1만 2천여 명, 이어서 토목 7천여 명이다. 광업은 5천여 명, 운수업이 4천여 명이다. 분포 비율로 보면 공업이 유업자 총수의 34.5%, 토목이 20.8%, 광업 15.8%, 운수업 11.7%이다. 따라서 일반 중소공장에서의 잡공, 토공인부, 광부 그것도 주로 채탄부, 짐마차끌기나 화물운반 인부 등 앞서 서술한 제1종적 직업의 취로가 총수의 87.8%를 차지한다. 제2종의 실업자 직업으로 간주될 수 있는 일용노무 및 기타 노무자는 2천여 명으로 5.8%에 불과하며, 상업류도 1,700여 명으로 5%이다. 농림업이 1,200여 명으로 3.7%, 수산업이 겨우 500여 명으로 1.7%인 것은 일본의 농어촌이 항상 상대적 과잉 인구 상태였던 것에서 기인하는 것이며, 특히 수산업이 산업부문의 분포로서 최저인

것은 도항 조선인 노동력의 농민적 성격에 의거한다. 공무자유업 또한 마찬가지이다.

1920년에 비하면 1930년의 직업 분포는 복잡하다. 그 요인 중 하나는 한창 불황이었기 때문이며, 또 하나는 재일조선인의 수적 증가와 일본 거주 연수의 경과에서 오는 것이다. 이 해에 가장 종사자가 많은 것은 공업의 7만 4천 명이며, 이것은 유업자 총수의 28.6%이다. 다음으로 이에 필적해서 많은 것은 토목건축의 6만 3천 명으로, 유업자 총수의 24.6%를 차지한다. 이 양자를 합하면 53.2%로, 1920년의 양자 분포 비율의 합계 55.3%에 근접한다. 그러나 이 비슷한 수치는 표면적인 것에 불과하다. 공업은 1920년의 34.5%에서 1930년 28.6%로 약 6% 감소했다. 그 대신 토목이 그 사이에 약 4% 가까이 증가했다. 이 시기에 토목을 직업으로 신고한 사람은 그 중 상당수가 실질적으로는 실업자이다. 그 점을 고려하면 이 시기의 공업 및 토목 종사자의 전체 유업자에 대한 비중은 실제로는 이 표에서보다 훨씬 적을 것이다. 광업에서도 분포 비중은 1920년 15.8%에서 1930년 6.3%로 약 10%의 감소를 보이며, 이어서 운수업에서도 11.7%에서 8.1%로 감소했다. 그 결과, 1920년에 제1종적 직업이 차지한 지위가 82.8%였던 것이 1930년이 되면 67.6%로 표면상의 수치만으로도 15.2%의 감소를 보이고 있다. 이 점이 두 연도에 있어서 조선인 직업 분포의 근본적 차이이다.

한편 증가하고 있는 것은 물론 제2종의 산업노동 예비군적 또는 유민적인 직업이다. 그 중 두드러진 것은 일용노무자와 잡업의 기타 직업자이다. 즉, 1930년도에는 전자가 1만 9천 명이고, 후자가 1만 2천 명이었다. 분포 비율에서 1920년에 5.8%였던 것이 1930년에는 12.1%로 증가했다. 가사 사용인도 3천여 명으로 1930년도에는 크게 증가했다. 농림업도 약간 증가했으나, 그 인원 2만여 명의 내역은 경작 남녀가

8,661명, 기타 농업노무자 4,027명, 탄소부(炭燒夫) 2,001명, 축산노무
자 1,248명이 주를 이룬다. 상업부문도 비율에서 2배 가까이 증가하고
있으나 이것은 물론 업주의 증가는 아니다. 즉, 상업일반 및 고물상 1
만 7천여 명 중 업주는 3,323명에 불과하며 나머지는 노점상인, 행상
인, 호객상인이 7,639명, 점원이 5,119명이다. 따라서 농림업의 증가도
상업의 증가도 이 연도의 제2종적 직업 인원의 증가와 마찬가지로 불
황과 실업의 영향에 따른 것이지만, 한편으로는 조선인의 일본 거주 연
수가 길어짐에 따라 그 직업이 일본 사회 내부로 침투하여 복잡화한 점
에도 의거한다.

　1920년과 1930년의 직업 구성에서 또 하나 근본적으로 다른 점은 유
업률(有業率)의 문제이다. 1920년에는 유업률이 86.4%로 높고 종속자
의 수는 불과 총수의 10%이다. 이는 당시 도항자의 남녀 비율이 나타내
듯이 일본으로의 도항이 해외 돈벌이적인 것이었음을 반영하는 것이다.
그러나 1930년이 되면 종속자의 총수에서 차지하는 비율은 31.9%가 되
고 따라서 유업률은 62%로 저하한다. 이는 조선인의 일본 도항이 그 사
이에 해외 돈벌이적인 것에서 완전히 이주적인 것으로 변한 사정을 반
영하고 있다. 〈표 32〉의 B표에 무업자로 제시한 것은 국세조사 보고의
무업자 총수에서 종속자를 뺀 나머지 수를 가리키며, 주로 학생 또는 직
업 신고가 없거나 불명확한 사람으로 이루어져 있다. 따라서 A표의 무업
자도 그 전부가 실업자를 의미하는 것은 아니며 이 표에서는 실업자 수
는 나오지 않는다.

　1940년의 직업 분포는 어떤 의미에서는 1930년과는 정반대로 조선
인 노동력의 취로가 전면적으로 필요해진 시기의 것이다. 따라서 그 특
색은 실업자적 업종에서 산업적 노동으로의 전환이며 조선인 노동력의
광공업으로의 집중이다. 우선 일용노무자와 기타 직업을 보건대 1930

년도에 비해서 절대수가 감소하고 있을 뿐만 아니라 분포 비율에서도 12.1%에서 2.7%로 격감했다. 더욱이 농림업, 음료서비스업, 운수업, 가사 사용인에서도 절대수는 물론 증가하고 있으나 분포 비율은 1930년과 비교해서 감소했다. 그리고 압도적으로 광공업에 집중해있는 것을 볼 수 있다. 토건업은 그 수는 급증하고 있으나 분포 비율은 1930년에 비해 감소했다. 광공업 이외에서 분포 비율이 증가한 것은 수산업, 상업 일반 및 고물상, 공무자유업이다. 수산업은 어로(漁撈)조업에서 증가했는데 일본 내의 노동력 부족과 일본 거주 연수의 경과에 따른 내부 침투화가 나타난 것이며, 공무자유업 1만여 명은 그 중 청소부가 3,417명을 차지하고는 있으나 노동력 부족 사정으로 조선인이 지식노동에도 종사하게 되었음을 의미한다. 상업도 주로 사용인의 증가에 따른 것이나 경영자 수 또한 증가했다. 고물상은 이에 반해 성질상 총수 38,104명 중 물품 매매업자 및 중개상이 29,277명을 차지한다.

1940년에 광업, 공업 및 토건업에 종사하는 조선인 총수는 합계 348,870명으로 조선인 유업자의 66.5%를 차지한다. 1940년 이후부터 일본 패전까지 약 70만 명 이상의 조선인 징용자가 광공업 및 토목작업장에 종사했으므로 합계 약 100만 명 이상의 조선인이 태평양전쟁 중에 일본 내에서 이른바 "후방의 생산 일익"을 담당했던 것이다. 그렇다면 태평양전쟁 중에 노동력 부족에 허덕이고 있던 일본의 산업에서 조선인 노동력은 어떤 지위를 차지했을까 또는 어떤 부분에 보충되었을까. 그 일부를 보여주는 것이 〈표 33〉이다.

즉, 조선인 노동력은 산업노동의 최하층 노동에 충당되었으며 본질적으로 말해 종전과 다름없이 불쾌·불결·과격한 단순 근육노동을 필요로 하는 부문에 집중적으로 사용되었던 것이다. 이 표의 공업을 보더라도 어떤 종류의 공업부문이든 조선인 노동자의 직종은 '하급부, 하역

<표 33> 조선인 노동자의 취업 직종

산업 대분류		산업 중분류		직종 분류	
농림업	27,511명	삼림업	11,676명	탄소(炭燒)	9,126명
광 업	68,636	석탄	49,462	갱내 광부	32,789
				하급부(荷扱夫)	2,115
				잡역	1,428
공 업	179,976	철 제련	8,437	하급부	1,568
				잡역	1,562
		조선	2,465	토목작업자	344
				잡역	320
				하급부	263
				기관공(汽罐工)	134
		총포 탄환 제조	2,452	선반공	682
				잡역	609
				토목작업자	196
				하급부	90
		비료(배합)	1,483	하급부	650
				잡역	251
				하조공(荷造工)	247
토건업	99,591			기타 토건작업자	81,879
				토사채취부	2,457
				콘크리트공	2,461

1940년도 국세조사에서 집계

창고부' '소사, 급사, 잡역자' '기타 토목작업자'가 주를 이룬다. 토건업도 9만 9천여 명 중 8만 1천여 명이 '기타 토건작업자'에 속하는 토공인부이다. 따라서 전시 중에 조선인 노동력이 일본인 노동자를 대체하고 그 부족을 보충한 것은 최하층 노동 또는 단순한 근육노동의 미숙련 노동부문에 집중되었다고 해도 과언이 아니다. 그러나 그 때문에 이런 최하층 미숙련 노동부문에서의 대체, 보충관계는 앞에서도 언급했지만 다음과 같이 매우 두드러졌던 것이다. 즉, 그 대표적인 것으로서 토목과 광업을 보면 1940년 현재 '기타 토목작업자' 총수 30만 명 중 27%

를 차지하는 8만여 명이 조선인 노동자이며, '갱내 채광부, 채탄부' 14만 2천여 명 중 조선인 노동자는 30%에 해당하는 4만여 명이다. 이처럼 일본인 노동력이 극도로 부족한 시기조차 조선인 노동력이 이런 대체, 보충관계밖에 될 수 없었다는 것은 조선인 노동자가 전전의 긴 일본 생활에서 결국 미숙련 근육노동의 값싼 판매자 입장에서 한 걸음도 앞으로 나갈 수 없었음을 의미한다. 그리고 이것은 전후 일본의 산업노동 전 부문에서 조선인 노동자가 내쫓기는 주 요인이었다.

이상에서 1920년, 1930년, 1940년도 각 시기의 재일조선인의 직업 분포 상황을 살펴보았는데 그렇다면 이런 분포 상태에서 조선인 직업의 구체적 상황은 어떠했을까. 전전 재일조선인의 생활의 기조가 된 직업 상황은 본질적으로나 시간적으로 1930년도와 같은 직업 분포의 형태이다. 그러므로 이하에서는 이 시기를 중심으로 재일조선인의 구체적 직업 내용에 대해서 검토해보기로 한다.

1923년의 간토(関東)대지진 조선인 학살을 계기로 그리고 그 후의 불황기 실업 문제와 병행해서 이른바 '조선인 문제'가 논의되고, 각 대도시에서는 일본인 실업 지식노동자의 구제 정책을 겸한 거주 조선인에 관한 실태 조사가 대체로 1936년경까지 몇 번인가 실시되었다. 최종 조사에서 도쿄부, 교토시, 오사카시, 고베시 거주 조선인의 직업 분포의 대강을 제시한 것이 〈표 34〉이다.

각 도시에서의 조사와 집계 방법은 다소 차이가 있어서 병렬 비교하기가 어려운 점도 있는데, 도쿄는 '표본조사'로서 일종의 선택 조사이고 교토, 오사카, 고베는 거주자 전체를 대상으로 한 조사를 목표로 했다. 이 표의 직업 분포를 〈표 32〉의 B표와 비교하면 농림업, 수산업, 광업이 적고, 공업, 상업, 공무자유업과 기타 직업이 많다. 그 원인은 말할 것도 없이 이 표의 계수가 도시 거주자의 직업 분포이기 때문이

<표 34> 대도시 거주 조선인의 직업

조사 도시	도쿄	교토	오사카	고베
조사 연월	1934.11 ~ 1935.2	1935.4 ~ 1936.3	1932.6 ~ 12	1935.5 ~ 10
조사 대상	세대주 1,933명 독신 1,766명	7,422세대 26,550명	11,835세대 50,896명	3,921세대 2,577명
농업	0.1%	0.8%	0.4%	1.5%
광업	2.5	1.1	0.1	―
공업	36.7	72.3	60.3	50.2
상업	10.7	11.7	18.7	13.2
교통업	3.7	5.3	―	20.2
공무자유업	1.4	0.4	0.5	0.8
기타 직업	43.1	8.4	9.0	14.1
실업 및 불명	1.8	―	11.0	―
합계	100.0	100.0	100.0	100.0

東京府: 東京府学務部社会課, 『在京朝鮮人労働者の現状』(1936)
京都市: 京都市学務部社会課, 『市内在住朝鮮出身者に関する調査』(1937)
大阪市: 大阪市学務部社会課, 『在阪朝鮮人の生活状態』(1934)
神戸市: 神戸市社会課, 『朝鮮人の生活状態調査』(1936)

다. 이 점을 고려한다면 이 표는 1930년도의 직업 분포의 형태에 가깝다. 문제는 이런 산업 대분류로 나누어본 직업의 분포 상태에서 실제의 직업 상황은 어떠한가이다. 그것을 제시한 것이 〈표 35〉이다. 도쿄와 교토는 〈표 34〉와 같은 조사에 의한 것이나, 고베의 계수는 1929년 11월의 조사에 의한 것이다.

우선 고베시의 경우를 보면 직업 분포는 공원이 20%, 토공인부가 15%, 상인 및 점원이 8%, 일용인부와 자유노무자가 17%, 기타 직업이 6%이다. 그리고 실업자이거나 무엇을 해서 생활하고 있는지 모르는 직업 불명이 26%이다. 이러한 직업 상황에서 각각의 취업 내용을 보면, 토공인부의 15%는 예컨대 도쿄의 조사에서 월평균 17일 남짓은 실업 상태이며, 그 일도 단순 노동이다. 그러므로 조선인 토공인부는 일용노

<표 35> 대도시 조선인 노동자의 취업 직종

직업	1930년(고베)	도쿄	교토
자갈채취	—%	2.4%	—%
철공		—	3.6
유리공		3.0	—
고무공	20.0	1.3	—
방적공		—	26.4
피복공		—	4.1
토공인부	15.0	22.0	28.1
고물상		6.8	4.0
행상	8.0	2.7	—
점원		1.2	—
하역부	8.0	2.1	—
자동차운전사	—	1.4	0.9
우마차끌기	—	—	1.6
기타 운수	—	—	2.6
일용인부	2.0	15.8	5.7
자유노동자	15.0	18.7	
넝마주이	—	4.0	2.4
분뇨수거	—	—	2.7
기타 직업	6.0	16.6	17.9
실업, 직업불명	26.0	2.0	—
합계	100.0	100.0	100.0

고베의 계수는 神戸市社会課, 『神戸市在住朝鮮人の現状』(1930)에 의함
도쿄, 교토는 <표 34>와 같은 조사에 의함

동, 자유노무자와 그 취업 내용에서 거의 차이가 없다. 조선인 하역부
또한 마찬가지이다. 이렇게 보면 고베시의 조사 대상자 4,039명의 세대
주 중에서 공원(고무공 242명, 가와사키조선(川崎造船) 95명, 철공장 86명) 819
명과 상인 309명의 일부와 기타 직업 222명의 일부분의 사람들만이 고

정적인 유직자이며, 하역부 312명, 도우미 550명, 인부 93명, 토공 609명 중 대부분의 사람들과 실업자 145명, 직업불명자 186명, 무업자 790명 사이에는 취업 또는 직업 내용에서 큰 차이가 없는 것이다. 따라서 취업 실정을 보면 고베시 거주 조선인으로 정상적인 의미에서의 유직자는 총수의 30% 미만이며, 나머지 70%는 고정된 직업이 없는 자유노동자이거나 완전 실업자이다. 이것이 1930년 당시 고베시의 조선인 직업 상황의 실상이다.

다음으로 1935년 당시의 도쿄에 대해 보도록 하겠다. 고정적인 직업을 갖고 있는 것으로 간주할 수 있는 것은 유리공 3%, 고무공 1.3%, 고물상 6.8%, 점원 1.2%, 운전사 1.4%와 기타 직업자의 일부이며, 합계해서 총수의 약 20% 정도이다. 자갈채취 2.4%, 토공인부 22%, 행상 2.7%, 하역 2.1% 등과 자유노동에 준하는 직업이 약 30%이며, 일용인부 16%, 자유노무자 19%, 넝마주이 4% 등 실업적 노동에 종사하는 자와 완전 실업자를 합해서 약 50%를 이룬다. 교토는 철공 3.6%, 방적공 26.4%, 피복공 4.1%, 고물상 4%, 운전사 기타 5.1%, 기타 직업의 일부로 합계 약 50%가 고정적인 유직자이며, 그 밖에 토공인부가 28%, 일용노무자 6%, 넝마주이 2%, 분뇨수거 3% 등으로 이루어져 있다.

따라서 고정적인 유직자는 고베 30%, 도쿄 20%, 교토 50%에 불과하며, 나머지는 일용노동적인 자유노무자이거나 일용노동도 항상적으로 없는 실업자이다. 이와 같은 취업 내용은 위에서 살펴본 도시에만 한정된 현상이 아님은 물론이다. 여기서 주목해야 할 점은 고정적 유직자로 간주되는 자의 취업 조건이다. 예를 들어 대표적인 것으로서 공장노동자에 대해 보면, 조선인 노동자의 고용은 대체로 임시공이거나, 중소공장에서 간단한 공정을 담당하면서 제품 생산량에 따라 임금을 지불받는 공원이다. 그것은 고용 조건에서 현저히 자유노무자적일 뿐만 아니라 수입에서도 자유노무자적이다. 그 밖의 고정직 취업에서도 조선인 노동자의 이러한 자유노무적인 성격은 일관되고 있다. 도시 거주 조선인의 직업은 구체적인 종류가 무엇이건 그 내용은 거의 전부가 근육노동의 자유노무적인 하루벌이이고, 여기에 전전의 조선인 직업의 기조가 있었던 것이다. 그렇기 때문에 재일조선인에게 있어 진정한 고정적 직업은 자영업밖에 없었고, 전전 재일조선인의 직업으로 자영업이 증가일로를 걸었던 것은 이 때문이다.

따라서 이상에서 살펴본 전전 재일조선인의 직업 상황을 통해서 그 본질적인 점을 적출하면 다음과 같이 말할 수 있다.

첫째, 일본으로 건너온 조선인이 식민지 이민족의 유민이고 그 노동력이 전시대적 농민 노동의 미숙련 노동인 까닭에 일본의 산업노동에는 최하층 미숙련 근육노동을 위주로 하는 부문에 한정되어 참가하게 되었고, 그것도 임시 보충적인 형태로밖에 고용되지 못했다(그렇기 때문에 조선인의 직업도 전문화될 수 없고, 노동도 숙련화될 수 없었다).

둘째, 이상의 이유로 일본 경제 전체 또는 개개 기업의 부침에 따라 조선인의 산업노동 종사는 변화무쌍하게 되었고, 거기에 휘둘리어 도항 조선인 개개인의 직업도 변화무쌍하게 되었다.

셋째, 그 결과, 조선인 노동력의 고용에서 본질적으로 해고가 반복됨으로써 실업자적인 직업으로의 취업이 항상적으로 발전했으며, 이런 직종에 도항 조선인이 집적하게 되어 조선인의 직업으로서 압도적인 지위를 차지하게 되었다.

넷째, 일본에서 조선인 직업의 이러한 형성은 산업노동적인 직업이건 그 예비군적인 직업이건 자유노무적인 취업이 주를 이루게 하였다. 거의 모든 직업이 고용 상황이나 수입액에서 자유노무자적이었다.

다섯째, 산업노동으로의 고용이 불안정하고 수입이 자유노무자와 큰 차이가 없어 재일조선인은 자영업부문에 점차 전념하게 되었고, 이런 면에서 국면 타개를 꾀하고자 노력했다.

마지막으로 전전의 재일조선인의 실업에 대해 간단히 살펴보자. 조선인은 불황기에는 태반이 실업자일 뿐만 아니라 취업 상황이 위에서 살펴본 바와 같이 본질적으로 일용노동의 자유노무자적이므로 일반적인 실업의 개념으로는 실업자를 식별하기 어렵다. 일본 내 각 도시의 조선인 조사에서도 이 점에서 혼란을 보이고 있으며, 위에서 제시한 각 도시의 실태 조사에서도 이른바 실업자 수라는 것은 나오지 않는다.[10] 이 조사가 실시된 당시에 발표된 실업자 수는 대체로 실업구제 등록을 중심으로 한 것이다. 이런 형태의 실업자 수를 통해서 보더라도 재일조선인의 실업이 일본인 노동자와 얼마나 질적으로 달랐는지를 엿볼 수 있다. 즉, 1935년 현재 사회국 사회부의 '실업자 생활 상태 조사'에 따르면 전국의 일용노무자 중 '등록노동자 또는 등록 희망 노동자' 수는 47,751명인데, 그 중 조선인은 약 30%인 14,707명이다. 같은 해 도쿄의 실업구제 등록 수는 24,326명인데, 그 중 5,533명이 조선인이다. 같은 해 교토에서는 실업자 등록 수 6,674명 중 59%인 3,938명이 조선인이다. 1931년 말의 오사카시 구제 토목사업의 유효 등록 수 10,737명 중 조선인은 6,615명으로 62.5%이며, 이듬해 1932년 말 현재도 총 등록 수 7,475명 중 3,698명인 49.6%는 조선인이다. 이것을 후쿠다 도쿠조(福田德三)는 "조선인의 도항은 실업의 이입"이라고 불렀으나, 구제 토목사업도 재일조선인에게는 오히려 정상적인 다시없는 취업 중 하나였음에 지나지 않는다. 전전 재일조선인의 실업에 관해서는 이 한마디로 그 본질을 표현

---

10) 예를 들면 오사카시의 조사에서 1개월 이상 실업인 자를 실업자로 조사했더니 해당자가 한 사람도 없었다고 한다. 그 이유는 당시 조선인 노동자 일반의 취업과 실업을 일본인 노동자의 실업 개념으로는 파악할 수 없었기 때문이다.

할 수 있을 것이다.

3) 전후의 직업

제2차 세계대전에서 일본의 패전은 재일조선인 생활의 모든 면에서 큰 변혁을 가져왔으나 직업도 역시 그러하다. 전후에 조선인의 직업에서 우선 일어난 변화는 전시 중에 집중 동원되었던 산업노동부문으로부터의 추방이다. 전후 곧바로 조선인이 종래의 전 산업부문에서 흔적을 감추게 된 이유로는, 패전에 따른 군수체계 산업의 붕괴 또는 중지, 그리고 조선의 해방에 따른 재일조선인의 입장 변화와 조선으로의 귀환을 들 수 있다. 그러나 이런 원인들은 오히려 주어진 조건이다. 이런 전제하에서 보다 직접적으로 조선인을 일본 내 산업노동에서 추방시킨 요인은 무엇일까. 그 기본은 어디까지나 산업인구의 과잉에 있다. 즉, 전후 군인과 일반 인본인의 귀환으로 일본 내 산업인구는 급격히 증가했다. 그 결과 일본은 전재(戰災)와 패전으로 산업이 파괴, 마비된 상태에서 미증유의 실업자를 내게 되었으며 어떤 직업이건 일본인 근로자가 쇄도했다. 따라서 이 시기에 순수한 근육노동만의 미숙련 노동자인 조선인 노동자가 일본의 산업에서 필요할 리가 없고, 또 어떤 하층 노동이라도 거기에 끼어들 여지 따위는 없었다. 이것이 전후가 되어 조선인이 완전히 일본의 산업노동에서 내쫓기게 된 기본 원인이다. 그러나 물론 이것만은 아니다. 종전과 더불어 일본 내 모든 직장에서 조선인이 철저하게 추방된 것은 이 밖에 조선인의 입장 변화, 즉 일본의 식민지인에서 제3국인으로의 전이라는 외적 조건의 변화에도 기인한다. 이것이 앞의 기본 원인과 맞물려 직장에서 조선인의 전면적 추방을 초래했음은 부정할 수 없다.

그렇다면 이처럼 일률적으로 산업노동 또는 직장에서 추방당한 조선인에게 어떤 취업 또는 직업이 남을 수 있었을까. 이 경우에 조선인에게 있어 전전과는 사정이 달라졌다. 즉, 해방 이전에는 일반 산업노동에서 해고되어도 실업자적인 직업 또는 자유노동의 여지가 있었으나, 전후에는 조선인 노동자에게 이러한 여지는 남겨져 있지 않았다. 일용인부, 자유노무자, 분뇨수거, 청소부, 하역부, 토목인부 등에도 일본인 근로자가 밀려들어 조선인 노동자는 이 부문에서도 대부분 내쫓겼다. 그리하여 재일조선인은 종전과 더불어 종래의 직장에서 일제히 추방되었고 생업의 길이 막막한 처지가 되었다. 전후 조선인의 대량 귀국은 여기에도 일부 기인한다.

그러나 잔류한 조선인에게 생업의 길이 전혀 없었던 것은 아니다. 길은 있었으나 기묘한 곳에 있었다. 패전과 동시에 일본의 산업체계는 파괴현상을 일으켜 생산, 유통, 가격 등 각 방면에 경제 혼란을 야기했으며, 전시의 통제 법규 위에 새로이 점령군의 법령을 떠안게 된 행정, 치안 면에서도 혼란이 발생했다. 이 때문에 패전국 또는 전재국(戰災國) 특유의 소규모 장사나 암거래 장사가 횡행하고 재일조선인은 여기서 생업의 길을 찾았던 것이다. 혼란기에 이런 종류의 소규모 장사나 암거래 장사에서 조선인은 일반 일본인보다 약간 유리했다. 즉, 재일조선인은 일본에서의 경력에서 실업을 반복함으로써 이런 소규모 장사로 입에 풀칠하는 방법에 능할 뿐 아니라 무엇보다도 이른바 제3국인의 입장이라는 점이 유리했다. 따라서 귀국하지 않고 잔류한 조선인은 이 방면에서 생활의 활로를 찾으려 노력했으며 전후 재일조선인이 이 방면에 집중한 것은 당연한 이치였다. 그리고 일시적이기는 하나 이 방면의 일로 생활하는 것은 지금까지의 실업적 노동보다 훨씬 손쉬운 면도 있었다. 그 때문에 부분적으로는 조선인 스스로 종래의 직업을 버리고 이 방면으로 쇄도한 점도 부정할 수 없는 사실이다. 그러나 잔류한 조선인이 이 방면에 집중한 것은 일본인 실업자의 일부가 한때 이런 소규모 장사로 생활하지 않을 수 없었던 것과 마찬가지로, 일체의 취로 또는 직장에서 내쫓기게 된 데서 온 당연한 결과이지 소위 그 반대의 경우는 아니다.

이리하여 전후의 한 시기, 일본에 잔류한 조선인은 거의 예외 없이 시장이나 기타에서 장사나 암거래상을 생업으로 삼아 거기에 의존해서 생활했다. 즉, 전후 일체의 직장과 고용에서 추방된 재일조선인은 자주적인 소생산이나 소규모 장사 또는 암거래상을 영위하든가 아니면 이런 종류의 동포 경영에 고용되는 형태로 패전한 일본에서의 새로운 생활을 시작했던 것이다. 그리고 전후 몇 년간은 이런 생업으로 생계를 유지해 갈 수 있었다. 그러나 전후 이런 종류의 장사는 거기서의 순환이 있을 뿐, 정상적인 기업으로까지 발전하기란 주체적으로나 객관적으로 어렵다. 전후의 혼란은 일시적인 것이며 따라서 그 혼란에 뿌리를 둔 이런 장사는 언젠가 사라질 성질의 것이다. 전후의 부흥과 치안력의 강화에 따라 이런 종류의 생업이 유지될 수 없게 되자 일본인은 차차 이 방면에서 발을 씻고 나갔으나, 조선인은 달리 취업의 기회가 없으므로 점점 더 여기에 매달리게 되었다. 그것은 결국 조선인이 얼마 안 되는 축재도 탕진하고 점점 더 완전 실업자로 내몰리는 결과를 낳았다. 다만 이 사이에 일부의 조선인(주로 이전부터 자영업을 하고 있던 사람)은 기업과 자본 축적을 확대해갈 수 있었다. 이들에게 전후의 혼란은 다시없는 좋은 기회였으나 그 기업 경영과 축재가 전후의 혼란에 뿌리를 두고 있는 한, 혼란의 해소는 일반 소상인이나 암거래상과 마찬가지로 큰 타격이었다. 그 때문에 그들의 영업이나 기업의 대부분이 그 후의 경과에서도 결국은 일반 소상인들과 대동소이하다. 즉, 산업의 부흥과 경제의 안정화에 따라 보다 독점화된 자본의 공세 앞에 전후에 거품처럼 생겨났던 중소 생산기업은 대체로 1948년경까지 그 태반이 괴멸했다. 이런 일반적인 중소

공장의 파탄에 즈음해서 조선인 업주의 기업이 일본인의 그것에 비해 여러 면에서 훨씬 취약한 것임은 말할 것도 없다. 이찬의(李贊義)는 「위기에 선 재일조선인의 생활」[11]에서 전후 조선인이 경영하는 공장, 기업의 번창과 몰락에 대해 다음과 같이 서술하고 있다.

즉, "일본의 산업부문에서 배제될 대상으로 취급되어 밀려났던 일부 조선인 기업가는 살기 위해서 전시 통제경제의 망을 피해 사업을 하는 것에 서투르지는 않았다. 강인한 생활력을 발휘하여 일약 뻗어 나갔던 것이다. 20년, 30년의 세월이 흘러 토목노동자가 함바의 우두머리(飯場頭)나 청부업자가 되기도 하고 고무나 메리야스 섬유공장의 도제공이 동네 공장을 경영하게 되었는데, 이들은 전후의 인플레와 암거래 장사 등으로 상당히 큰 공장을 갖게 되었다. …… 그러나 조선인의 냄비와 솥, 고무, 섬유류의 생산 판매업은 독점자본 중심의 정책에 의해 반비례적으로 몰락의 일로를 걷지 않을 수 없었다"면서 그 실례로서 조선인이 경영하던 고무공업이 요코하마고무(横浜ゴム), 니혼다이야(日本ダイヤ), 던로프(ダンロップ)의 진출로 파멸한 것, 비누공업이 아사히카가쿠(旭化学), 닛산(日産) 등에 의해 전멸한 예를 들고 있다.

따라서 전후의 혼란 속에서 성장했던 조선인 기업의 대부분은 소상인이나 암거래상과 마찬가지로 혼란의 종식과 더불어 사라졌다. 다만 일부가 주로 물품판매업, 음료서비스업, 토지금융업, 특히 유흥업에서 목숨을 유지했고 그것도 조선전쟁에 따른 일본의 호황으로 기사회생하는 역설적인 과정을 밟았다.

그리하여 결국 재일조선인의 대부분은 혼란기가 끝나면서 생업을 완전히 잃게 되었다. 미증유의 방대한 일본인 실업자 때문에 다른 직업을

---

11) 李贊義, 「危機に立つ在日朝鮮人の生活」, 『民主朝鮮』 第33号 (1949).

얻지도 못하고, 그렇다고 고국으로 돌아가려 해도 조선전쟁의 발발과
그 여파로 인해 귀국도 못한 채, 결국 조선전쟁 후의 붐과 전후 부흥을
구가하고 있던 일본 내에서 일찍이 경험하지 못한 궁핍 상태로 내몰리
게 되었던 것이다. 이제 그 구체적인 직업 상황에 대해 살펴보기로 하자.

　전후 재일조선인의 직업에 관해서는 〈표 36〉 A표의 경찰 조사 외에는
전국적인 것으로서 후술하는 와그너(E.W. Wagner)의 수치[12]와 일본적십
자사가 조사한 것이 있다. 전자는 1948년의 계수이고, 후자는 1954년
말의 조사이기는 하나 부분적인 것으로 간주되므로 여기서는 〈표 36〉

---

12) Edward W. Wagner, The Korean Minority in Japan, 1904~1950에 1948년도의
　　조사로서 다음과 같은 수치가 제시되어 있다(「在日朝鮮人の職業と商工業の実態」, 『朝鮮
　　月報』 第3号 (1957)에서 인용).

〈재일조선인의 직업 분포〉

직업	인구수
노동인구	245,042
농업	4,238
임업	5,450
어업	414
광업	3,612
제조업	151,465
（기술자）	(2,551)
（일반노동자）	(148,914)
운수통신	8,525
기타 노동자	11,353
상업	41,440
실업가(實業家)	4,726
정부	1,458
자유업	2,697
일반사무	9,664
비노동인구	343,128
자산에서 생기는 소득으로 생활하는 자	17,380
학생	65,932
기타	259,816
합계	588,170

A표의 수치를 기준으로 해서 추측하기로 한다.

<표 36> 전후의 재일조선인 직업

A. 원표

농업	10,156명
공업	24,573
상업	31,023
운수업	5,266
토건업	19,991
음료업	5,157
유흥업	7,207
해운업	612
무역업	163
광업	53
어업	801
지식노무자	7,237
일용노무자	35,585
실업자	13,269
무직자	328,624
기타	46,084
합계	535,803

篠崎平治, 『在日朝鮮人運動』(令文社, 1955)

이 표는 1952년 10월 현재 재일조선인 전체의 직업 조사 수치이다. 이 표에서 무직자가 328,624명으로 되어 있는데 그 내용은 종속자, 학생, 무업 또는 실업자로 여겨진다. 이 점을 다른 자료에서 구분 추계하고 이 조사표의 계산 오류를 바로잡으면 <표 36>의 B. 수정표와 같이 된다.[13]

---

13) 학생은 고등학생 이하의 학생으로, 법무성 입국관리국의 『朝鮮人白書』에 따르면 1951년 문부성 조사에서 91,700명인데 취학연령 아동 수에서 볼 때 타당하다고 여겨지므로 이것을 그대로 사용했다. 종속자는 (1)1~6세의 남녀, (2)7~13세 중 취학하지 않은 남녀, (3)14~20세의 여자 중 미취학자와 21세 이상의 여자를 합계해서 추계 유직률(有職率) 35%를 뺀 나머지, 이 세 가지의 합계로 산출했다.

<표 36> 전후의 재일조선인 직업

B. 수정표

직업	남	여	합계	비율
농림업	7,059명	3,097명	10,156명	5.3%
수산업	639	162	801	0.4
광업	53	0	53	—
공업	19,793	4,780	24,573	12.6
토건업	19,600	391	19,991	10.3
상업일반	26,520	4,666	31,186	16.1
음료서비스업	3,585	1,572	5,157	2.7
유흥업	5,687	1,520	7,207	3.7
운수업	5,752	126	5,878	3.0
공무자유업	5,814	1,423	7,237	3.7
일용노무자	29,790	5,798	35,588	18.4
기타 직업	28,241	17,843	46,084	23.8
소계	152,533	41,378	193,911	100.0
				36.2
무업자	85,464	47,968	133,432	24.9
(학생)	(48,078)	(43,622)	(91,700)	(17.1)
(실업자)	(37,386)	(4,346)	(41,732)	(7.8)
합계	237,997	89,346	327,343	61.1
종속자	64,304	144,157	208,461	38.9
총계	302,301	233,503	535,804	100.0

이 표는 전후에 재일조선인 직업에 얼마나 많은 변화가 일어났는가를 단적으로 보여준다. 우선 종래 조선인 직업의 60~70%를 차지하고 있던 광공업, 토건업 종사자는 전후에 유직자 총수의 겨우 22.9%를 차지하는 데 불과하게 되었다. 그 중에서도 1940년도에 6만 8천 명의 종사자 수를 헤아렸던 광업은 전후에 겨우 53명 남았을 뿐이다.[14] 이에 반해 상업부문은 1940년에 비해서도 견실하게 증가했다. 즉, 상업일반 16.1%, 음료

---

14) 물론 이 수는 분명 너무 적기는 하나 광산노동에 종사하고 있는 조선인 수는 문제가 되지 않을 정도라고 생각된다.

서비스업 2.7%, 유흥업 3.7%이다. 상업부문이 전체 유업자 총수에서 차지하는 비율은 22.5%이나, 실제 전후 조선인의 직업 사정에서 상업부문의 비중은 이 정도가 아니다. 일용노무자와 기타 직업자 중 실질적으로는 실업자인 자를 제외하면 이 표의 유직자 총수는 11만 2천여 명이 된다. 이 중 상업 종사자가 4만 3천여 명이므로 약 40%에 해당한다. 전후에 상업은 조선인의 직업에서 전전의 광공업, 토건업을 합한 것과 같은 의미를 갖게 되었던 것이다. 운수업도 격감하고 있으나 그 종사자 5천여 명도 대부분은 조선인 기업에 속한 것으로 생각된다. 공무자유업은 분포비율이 1940년에 비해 증가했는데, 그 중에서 많은 것은 조선인 학교의 선생과 조선인 관계 단체의 임원으로 추측된다. 일용노무자는 35,588명으로 유업자 총수의 18.4%를 차지한다. 전전의 어떤 시기보다도 많고, 한창 불황 중인 1930년과 비교해도 그 수는 약 2배가 되었다. 더욱이 당시의 일용(日傭)에 비해서 오늘날의 일용이 보다 가혹한 조건하에 있으며 그 대부분은 직업안정소나 공공사업의 인부이다.

유직자 중에서 가장 많은 것은 '기타 직업자' 부류에 속하는 사람들이나,[15] 그 대부분은 요컨대 무엇을 직업으로 삼아 생활하고 있는지 불분명하다. 흔히 언급되는 것처럼 이들의 생활을 범죄와 결부시켜 생각하는 것은 잘못이며 닥치는 대로 자질구레한 일로 생활을 했고, 그 실태는 무슨 직업으로 생활해야 좋을지 본인 자신도 모르는 실업자인 것이다. 이 점에서 일용노무자도 기타 직업자의 대부분도 거의 동일하다고 간주해도 좋다. 완전 실업자는 이 표를 기준으로 최소한도로 추계해도 41,732명이다. 그래서 이 표에서만 해도 실업자로 나타나 있는 현재

---

15) 〈표 36〉 A.원표에 이 계수는 '기타'로 되어있어 물론 수감자, 정신병원 입원자 등도 포함되어 있으나 수적으로 직업불명 또는 기타 직업이 거의 전수(全數)에 가깝다고 추측하여 이렇게 취급했다.

적(顯在的) 실업자의 수는 일용노무자, 기타 직업자, 실업자와 합해서 123,404명이다. 표출된 실업자 수까지 포함한 직업인구 총수의 실로 52.4%에 이른다. 즉, 1952년 현재 일본에 있는 조선인 총수에서 종속자와 고등학교 이하의 학생을 뺀 나머지 직업연령 인구수는 235,643명이나, 그 중 12만 3천여 명이 확실한 실업자인 것이다. 더욱이 나머지 유업자 중 상당 부분이 취업 내용에서 실업자나 진배없다고 생각되는데, 이런 사람들까지 넣어서 고려한다면 실업자로 간주할 수 있는 수는 더 늘어난다.[16] 재일조선인 직업인구의 60% 가까이가 현재적(顯在的) 실업자인 점이 전후 조선인 직업 상황의 특징인 동시에 오늘날 재일조선인 생활의 근본 문제이다.

〈표 36〉의 직업 분포 비율을 1940년의 그것과 비교해보면 〈표 37〉과 같다. 즉, 분포 비율이 전전과 비교해 전후에 감소하고 있는 것은 광업, 공업, 토건업으로 1940년 66.5%에서 1952년 8.9%로 47.6% 감소했고, 농수산업, 운수업, 자유업에서 마찬가지로 15.1%에서 10.2%로 4.9% 감소했다. 이에 반해 전후에 증가한 것은 상업으로 14.9%에서 18.5%로 3.6% 증가했고, 일용, 기타 직업, 가사 사용인, 실업자가 3.5%에서 52.4%로 48.9% 증가했다. 이 증감관계를 보면 광업, 공업, 토건업에서 감소한 만큼 일용, 기타 직업, 가사 사용인, 실업자에서 증가했으며 농업, 수산업, 운수업에서 감소한 만큼 상업에서 증가했다.

따라서 이 표는 전후에 재일조선인 직업 상황의 변화가 단적으로 어떤 원인에서 기인한 것인지를 명확히 보여준다. 즉, 1952년 현재에 이르러

---

16) 앞에 든 『朝鮮人白書』에 있는 『해방신문』 발표의 실업자 204,900명, 또는 대한민국 거류민단 발표의 286,100명은 분명히 너무 많다. 민단 발표의 수치는 재일조선인의 전체 직업연령 인구수를 넘는다. 『해방신문』의 발표 수치도 실업을 어떤 점에 기준을 두고 조사했는지 명확하지 않지만 지나치게 많다.

〈표 37〉 전전과 전후 재일조선인의 직업 분포 비교

직업별	1940년(A)	1952년(B)	A-B
광·공·토건업	66.5%	18.9%	-47.6
농·수·운·자유업	15.1	10.2	-4.9
상업	14.9	18.5	+3.6
일용, 기타 직업, 가사 사용인, 실업자	3.5	52.4	+48.9
합계	100.0	100.0	0

재일조선인 직업인구의 60% 가까이가 완전 실업화한 이유는 광·공·토건 등의 산업노동에서 내쫓겼기 때문이며, 그 일부는 상업 방면에 진출한 조선인 기업으로 흡수되었다고는 하나 그 정도가 매우 미약했기 때문이다. 일본에서 현재의 실업 상황은 1930년 당시보다 더 심각하기는 하나, 조선인의 경우는 1930년 당시와 비교해 그 상황이 근본적으로 달라졌다. 왜냐하면 오늘날 조선인의 실업은 부분적 또는 일시적인 것이 아니라 조선인 전반의 반영구적인 실업이라는 형태로 나타나기 때문이다. 조선인은 일본인이 경영하는 일체의 직장에서 추방되었을 뿐만 아니라 실업자적인 일도 얻지 못한 채, 영세 자영업 아니면 동포 기업에 고용되는 수밖에는 입에 풀칠한 길을 완전히 상실해버렸다. 자연적 정세의 추이에 따라 재일조선인이 이런 직업 상황에서 탈출할 수 있는 유일한 길은 일본인 실업자의 소멸뿐이나 그것은 백년하청과 같은 일이다. 따라서 재일조선인의 직업 상황은 지금 입에 풀칠하기도 어려울 뿐만 아니라 점점 더 먹고 살기 어려운 조건하에 있으며, 현재뿐 아니라 장래의 재일조선인 생활의 근본 문제는 바로 여기에 있다고 할 수 있을 것이다.

재일조선인은 이상과 같이 그 60% 가까이가 완전 실업자이며 먹고 살 길이 없다고 생각된다. 그렇다면 이 대부분의 조선인은 어떻게 해서 생활을 유지하고 있는지 신기하지 않을 수 없다. 필자는 이 점을 확인하기 위해 모든 조건이 단순한 도호쿠(東北)지방의 한 소도시와 부근 농촌 산간부의 41세대에 대해 실태 조사를 실시했다. 〈표 38〉은 그 결과의 하나이다.

즉, 조사한 41세대 중 생업을 갖고 있다고 볼 수 있는 세대는 43%에 해당하는 18호(戶)뿐이었다. 그리고 이 18호 중에서 농경 3호 중 2호가 자작농이고, 1호는 일본인 농가의 데릴사위이다. 다음으로 13세대가 상업인데 그 중 유흥점이 6세대, 음식점이 5세대이다. 전후 조선인 직업의 주종인 상업에서 이처럼 유흥업종이 압도적이라는 사실은 재일조선인 생활의 장래에 치명적인 것이나 그 점은 후술한다. 18세대를 제외한 나머지 21세대는 완전히 실업자이다. 조사 세대 총수의 57%에 해당한다. 그 중 가장 많은 것은 실업대책의 하나로서 모 토건회사가 시행하고 있는 공공사업의 토공노동에 나가고 있는 8세대이다. 이들은 일이 있으면 자신이 소속된 영세 하청 토건회사에 돈 벌러 가지만, 일이 없거나 있어도 실업대책의 토공 수입과 실수입이 크게 다르지 않았다. 다음으로 많은 것은 쓰레기 매입의 7세대이다. 쓰레기 매입업자의 전부는 토건노동을 겸하기도 한다. 따라서 쓰레기 매입업도 실업대책의 토공노동도 일의 형태는 다르나 내용은 동일하다. 21세대 중 15세대가 실업자로서 이런 생계 방법을 취하고 있다. 그런 의미에서는 그 밖의 아탄 채굴이나 우산 수리도 동일하다. 밀주 양조 세대는 동시에 아탄 채굴을 겸하며 그 일본인 처가 탁주를 빚고 있었다. 그러므로 여기에 제시되어 있는 실업대책 토건, 쓰레기 매입, 아탄 채굴, 우산 수리 등은 직업이 아니라 그때그때 연명책으로 삼는 일의 형태에 불과하다. 이들은 자신의 주거지 주변에서 뭔가 잡다한 일을 찾아내서 죽지 않고 연명할 정도의 생계를 꾸

---

17) 수산장은 생활 궁핍자나 장애인 등 취업능력이 한정된 자에게 필요한 기능을 습득시켜 취업의 편의를 제공하는 시설이다-옮긴이.

〈표 38〉 도호쿠지방 소도시의 조선인 직업

직업	인 수	비고
농업	4	
농경	3	1.자작 5단(反), 2.자작 2단, 3.일본인 농가의 데릴사위
양돈	1	
토건업	1	
청부	1	
상업	13	
과자상	1	
고물상	1	
유흥업	6	파친코점
음식점	5	식당 2, 소바집 1, 시장 술집 1, 식당 사무원 1
소계	18	
기타 직업	22	
쓰레기수거	7	
부업	1	여자 재봉틀 부업
실업대책 토공노동	8	여자 1명을 포함
수산장(授産場)[17]	1	여자(실업대책 토공노동에 종사하고 있는 사람의 일본인 처)
아탄(亞炭) 채굴	2	
우산 수리	2	
밀주 양조	1	
합계	40	
부랑자·거지	2	
부랑자	1	파친코, 도박으로 생활
거지	1	전신은 넝마주이 및 토건노동, 생활보호 중단이 원인
총계	42	

1956년 6월 도호쿠지방 소도시 및 농촌 산간부의 실태 조사

리고 있다. 재일조선인의 60% 가까이를 차지하는 실업자의 생계는, 연명의 구체적 수단은 지역에 따라 천차만별[18]일지라도 그 내용은 모두

---

18) 도쿄도 고토구 에다가와초(東京都江東区枝川町) 거주 조선인 116세대의 직업을 개조사(改造社) 기자가 조사한 것을 보면, 그 중 9세대는 '완전 실업자'이고 48세대(총 조

이런 실정이다. 본 조사에서도 주거가 없는 부랑자와 거지가 2세대 보이지만, 어떤 의미에서는 재일조선인 실업자의 생계 실정은 거지의 그것과 종이 한 장 차이로도 볼 수 있다.[19]

3. 생활

1) 임금

전전 재일조선인의 임금에 대해서는 앞서 〈표 14〉에서 1924년 오사카시의 각 직업의 것을 제시했으나, 조선인 도항이 본격화한 1930년 공업부문의 임금을 일본인 노동자와 비교해서 보면 〈표 39〉와 같다. 공업각종 산업의 총 평균에서 노동자 일당 임금은 일본인 노동자 2엔 5전에 대해 조선인 노동자는 1엔 22전으로, 조선인 노동자의 임금은 일본인 노동자의 59%에 불과하다. 이런 임금 차이는 말할 것도 없이 전전의 일반적 현상이다. 그렇다면 이 차이는 어디에서 오는 것일까. 그것은 전적으로 민족차별에서 오는 것일까. 아니 노동력이 상품으로서 매매될 경우에 민족성은 노동력이 갖는 속성 중 하나일 터이다. 따라서 이 임금의 차이는 우선 노동력의 사용가치의 차이에서 오는 것 즉, 이 경우는 동일

사 세대의 47.5%)도 실업자인데 이 사람들이 하고 있는 일의 종류는 다음과 같다. 구두닦이, 자유노동자, 직업안정소 인부, 쓰레기수거, 날품팔이 목수나 미장이. (田中寬一, 「解放地区枝川町」, 『改造』第33卷 9号, 1952)

19) 필자가 조사 지구의 사정에 밝은 사람에게 "농촌 지대에서 조선인이 거지로 살아갈 수 있습니까"라고 물었더니, "결코 나쁘지 않습니다"라며 거지라고 해서 다른 실업 조선인의 생활 내용과 크게 다르지 않다고 답했다. 이 이야기 속에 본인 자신이 일반 조선인의 생계 수준을 얼마나 낮고 비참한 것으로 받아들이고 있는지가 자연스럽게 드러나 있다.

산업부문 내에서 숙련 노동과 미숙련 노동이 각각 받는 임금액의 차이에서 오는 것이라고 보아야 한다.

이는 〈표 39〉에서 일본인과 조선인 노동자의 임금 차가 심한 것은 요업, 금속공업, 기계기구, 피혁공업이며, 그 차가 비교적 적은 것은 종이공업, 피복공업, 목죽공업, 제판인쇄, 화학공업, 토목건축이라는 사실에서도 분명하다. 즉, 숙련 노동과 미숙련 노동의 차가 심하고 미숙련 노동의 가장 낮은 단계에 조선인 노동자가 집중해 있는 산업부분의 경우는 동일 부문에서의 양 노동자의 임금 차가 심해지는 것이다. 이와 반대로 산업의 기술적 성질상 작업부문과 노동 숙련도의 분리가 적은 경우에는 일본인 노동자와 조선인 노동자의 임금 차는 적어지며, 이는 간단한 작

〈표 39〉 전전의 재일조선인 임금 (공업)

산업별	조선인 A			일본인 B			A/B
	평균	남	여	평균	남	여	
요업	1.08	1.09	0.81엔	2.14	2.36	0.93엔	50%
금속공업	1.71	1.74	0.86	3.03	2.12	1.27	56
기계기구	1.66	1.67	0.83	2.83	2.88	1.45	58
화학공업	1.49	1.63	0.84	2.00	2.35	1.11	74
섬유공업	1.22	1.34	0.82	1.08	1.63	0.93	113
종이공업	1.61	2.61	−	1.86	2.09	1.03	86
피혁공업	1.50	1.50	−	3.23	3.31	1.18	49
목죽공업	1.34	1.60	0.67	1.77	1.88	0.81	75
음식품공업	1.07	1.09	0.92	1.67	2.23	1.10	64
피복공업	1.29	1.38	0.84	1.46	1.97	1.21	88
토목건축	1.51	1.51	−	1.98	2.25	0.50	76
제판인쇄	1.49	1.49	−	1.97	2.24	1.26	75
문구오락품공업	1.42	1.42	−	2.03	2.22	1.18	70
가스전기	1.84	1.84	−	2.60	2.62	1.25	70
평균	1.22	1.39	0.81	2.05	2.65	0.98	59

大阪市社会部労働課, 『朝鮮人労働者の近況』(1933)

업 공정에서 생산량에 따라 임금을 지불하는 경우에도 마찬가지이다. 따라서 〈표 39〉에서 보는 바와 같이 양 노동자의 임금의 심한 차이는 무엇보다 조선인 노동자가 산업의 미숙련 노동부문에 집중해 있었던 사실에 기인하는 것이다.

그러나 임금 차이의 이유는 물론 이것만은 아니다. 조선인 노동자가 상대적으로 보다 더 궁핍한 노동력 판매자로서 노동시장에 등장했기 때문이기도 하다. 그러나 또 하나 기본적 요인은 노동력의 담당자가 조선인이라는 점에 있다. 같은 품종의 조선 쌀이 일본 시장에서 조선 쌀이라는 이유로 격차가 있었던 것처럼, 또 어떤 의미에서는 동일 부문의 동일 노동에서조차도 여성의 임금이 낮은 것과 같이 일본인과 조선인 노동자의 임금 차이는 식민지 민족에 대한 차별에서 기인한다.

따라서 임금 차별은 〈표 39〉가 제시하고 있는 산업뿐만이 아니라 일본 내 모든 산업부문 또는 직업에서, 또한 미숙련 노동부문에서도 마찬가지이다. 조선인은 어떤 직업을 갖더라도 일본인 노동자와 동일한 임금을 받을 수 없음이 일본 내에서 조선인이 고용될 경우의 기본 철칙 중 하나였던 것이다. 〈표 14〉의 1924년에도 조선인 노동자의 임금을 일본인 노동자의 임금과 비교하면 농부는 80%, 세탁부 90%, 염색공 57%, 메리야스공 59%, 방적공 70%, 유리공 75%, 하역부 80%, 인부 81%, 토공 80%, 갱부 84%이다. 그리고 조선인 노동자에 대한 임금 차별은 그들이 가장 많이 고용되는 중소기업에서 심한데, 전술한 고베시 조사에서 대기업도 그 실례는 다음과 같았다. 고베시 전기국 … 일본인 일당임금 2엔 34전, 조선인 1엔 81전, 가와사키(川崎)조선소…일본인 2엔 26전, 조선인 1엔 78전, 미쓰비시(三菱)조선소…일본인 2엔 8전, 조선인 1엔 53전, 고베제강소…일본인 3엔 18전, 조선인 2엔 29전 등이었다.

그렇다면 조선인 노동자 임금의 이러한 차별 등급은 무엇을 기준으로 이루어졌을까. 그것을 간단히 말하면 조선인 노동자의 임금은 일본인 노동자의 임금을 기준으로 노동력의 수급관계에서 일률적으로 몇 할인가를 빼고 결정되는 관계에 있다. 그러면 문제는 이렇게 된다. 일본인 노동자의 임금도 특히 불황 시에는 '순수하게 육체적인 조건'의 것이거나 그 이하의 것이며, 종종 노동력의 절대적인 재생산비 이하의 것이었다. 따라서 이런 성질의 일본인 노동자 임금에서 다시 몇 할인가 깎여서 결정되는 관계에 있는 조선인 노동자 임금의 성질은 노동자의 재생산이 전혀 고려되지 않은 "급속한 기세로 노동력은 육체적으로 파괴되고 노동인구는 사멸해가는" 노동력 파괴와 소모의 그것이다. 이런 성질의 임금이 약속하는 노동자의 생활은 인간 생활 이하의 동물적인 그것 이외의 아무 것도 아니다. 더욱이 임금액은 노동 조건의 대표적 표현이라는 의미에서 이와 같은 차별은 다른 노동 조건, 예컨대 노동시간, 작업, 고용의 지속안정성 등에도 존재한다. 따라서 조선인 노동자의 고용 차별은 실제로는 임금의 격차가 표현하는 것보다도 훨씬 심한 것이었다.

　일본인 노동자의 임금을 기준으로 상대적으로 결정되는 이상과 같은 조선인 노동자의 절대 임금은 "열악한 노동 조건의 저임금"이라는 한마디로 귀결된다. 이것을 구체적으로 〈표 40〉에서 검토해보기로 한다.

　이 표는 전술한 1935년 교토시와 1932년 오사카시의 조선인 노동자의 임금표이다. 교토시 임금의 평균은 앞의 표 1924년의 오사카와 마찬가지로 1엔 22전이다. 그 중 임금이 가장 높은 것은 정용부(定傭夫, 일정 기간을 정해서 고용하는 인부―옮긴이)의 1엔 35전이며, 다음으로 일용노동자의 1엔 27전이고, 그 다음은 자주적 노동자 1엔 25전, 정용공(定傭工, 일정 기간을 정해서 고용하는 공장노동자―옮긴이) 1엔 19전의 순이다. 실업구제 등록노동자가 1엔 6전이므로 가장 높은 정용부의 임금수준이 낮다는 것도 이해될 수 있다. 이 각 직종의 임금 차이에는 평균화 법칙이 작용하

<표 40> 전전의 대도시 조선인 노동자 임금

교토		오사카	
자주적 노동자	1.25엔	0.50엔 이하	1.25%
정용부	1.35	0.60~1.00	25.07
정용공	1.19	1.10~1.30	33.79
일용노동자	1.27	1.40~1.50	22.03
등록노동자	1.06	1.60~2.00	15.08
도제, 견습, 사용인	0.84	2.00 이상	2.78
기타	1.48	–	
평균	1.22	**합계**	100.00

고 있고 거기에 일정한 조선인 노동자의 임금수준이라는 것이 엄존한다. 조선인 노동자의 임금수준은 일본인 노동자의 경우보다 더 직접적으로 실업구제 노동에서의 '최저임금'에 근거를 두고 있다. 이제 구체적으로 일례를 들어보면 다음과 같다. 즉, 등록노동자가 1엔 6전인데 정용공이 1엔 19전이고, 일용노동자는 1엔 27전이다. 그렇다면 이런 서열은 왜 만들어질까. 정용공이 한 달에 26일간 노동한다고 치면 월수는 30엔 94전이지만, 일용노동자는 최고로 일이 있어 20일간 일을 한다고 해도 월수 25엔 40전밖에 안 된다. 또한 등록노동자가 한 달에 3주간 일을 한다고 하면 22엔 60전이 된다. 따라서 일용노무자가 한 달에 15일밖에 일할 수 없다고 한다면 월수는 19엔 5전밖에 안 돼 등록노동자보다 적어진다. 한편, 공장노동자의 임금도 낮출 수 있는 최저의 선은 등록노동자의 노동 내용 및 임금과의 비교에서 결정되는 관계에 있다. 교토의 조사는 이 점에 대해서 다음과 같이 서술하고 있다. "정용공이 일용노동자보다 저렴한 것은 주목해야 한다. 이것은 정용공이 대공업에 속하는 자가 아니라 소공장에 종속하기 때문이다. 얼마나 소공업이 임금의 저렴성을 추구하고 있는가, 그리고 조선 동포 노동이 얼마나 이런 욕구에 부응하

고 있는가."

다음으로 오사카의 조사에서 임금별 노동 인원을 보면 다음과 같다. 가장 많은 것은 1엔 10전에서 1엔 30전 사이로 전체의 33% 정도를 차지하며, 다음으로 많은 것은 60전에서 1엔 사이로 25%를 차지한다. 따라서 1엔 30전 이하가 합계 약 60% 이상을 차지한다. 이는 앞서 든 〈표 39〉에서 일본인 남성 노동자의 평균 임금이 2엔 65전이므로 조선인 노동자의 60% 이상이 완전히 일본인 노동자 임금의 반 이하밖에 받지 못했던 셈이 된다. 이 표의 일본인 노동자의 평균 임금 2엔 이상을 받고 있는 조선인 노동자는 전체의 겨우 2.8%에 불과하다. 게다가 조선인 노동자의 경우는 취업 일수의 관계로 고임금이 반드시 고수입을 의미하는 것이 아니라는 점을 고려하면 조선인 노동자의 저임금성은 심각하다.

그렇다면 이렇게 심각하게 낮은 수준의 재일조선인 노동자의 임금은 그들의 생활에 어떤 의미를 가졌는가. 말할 것도 없이 전전의 재일조선인의 생활에서 이것은 결정적인 의미를 갖는다. 전전의 재일조선인은 일본의 식민지화로 파산 몰락한 조선 농민이 유민화되어 일본으로 도항함으로써 생성되었기 때문에 일본에서 조선인 노동자의 임금이 이렇게 될 수밖에 없었다고 한다면, 이런 임금이 필연적으로 약속하는 인간 이하의 동물적 생활 즉, 이른바 일본에서의 '조선인'의 생활도 재일조선인에게 피할 수 없는 숙명적인 것이었다고 하지 않을 수 없다. 조선인 노동자의 열악하고 가혹한 임금이 재일조선인 생활에 어떤 의미를 갖는지에 대해서 교토시 조사자의 말을 빌리자면 다음과 같다.

현실의 열악한 조선인의 노동 조건은 사용자에게 직접적으로는 유리한 일이지만 조선 출신자의 생활수준을 저하시켜 일반적 수준으로의 향상을 저지하게 된다. 이런 조건이 유지되는 한 사용자에게는 유리해도 사회 전체의 입장에서 보면 조선 출신 동포 세대의 열악한 생활수준이 지속되는 것이며, 영원히 조선 출신 동포 문화의 낮은 수준을 약속하는 것이다. 더욱이 이런 조선 출신 동포의 열악한 노동 조건과 그에 따른 생활일반의 저위성의 영속은 종종 이런 사람들의 생활을 인종적 열등성에 기초한 고유의 결점으로 잘못 관념시킬 위험을 배태하는 것이며, 이런 관념하에 양성될 인종적 멸시 관념은 내선 (內鮮)융화에 제거할 수 없는 장애가 될 것이다.

2) 생계

(1) 전전의 생계

전전에 재일조선인의 수입은 노동에 의한 수입 이외의 수입은 있을 수 없다. 따라서 임금이 생계의 전부를 결정하는 관계에서 볼 때 그들이 받는 임금의 성격, 즉 차별성과 저위성은 그대로 재일조선인의 생활을 규정했다. 앞에서 서술한 임금을 월수입에서 보면 〈표 41〉과 같다. 도쿄의 경우, 각 직종 종사자의 평균 월수입은 세대주가 24엔 93전, 독신자가 16엔 16전이다. 직업 중 최다 부문인 토목은 세대주가 20엔 78전,

〈표 41〉 재일조선인 직업별 월수입

	도쿄		교토		
	직종	월수입	직종	월수입	월 30엔 이하 수입자의 비율
세 대 주	토목노동자	20.78엔	자주적 노동자	35.42엔	47.4%
	쓰레기수거업자	25.61	정용부	34.30	43.4
	인부	19.60	정용공	31.08	56.8
	평균	24.93	일용노동자	29.63	73.7
독 신 자	토목노동자	15.32	등록노동자	21.81	93.5
	쓰레기수거업자	16.64	도제, 견습, 사용인	19.31	83.7
	인부	16.19	기타	35.49	49.2
	평균	18.16	평균	30.22	63.1

독신자 15엔 32전이며, 자유노무자의 수입으로서 인부에 대해 보면 각각 19엔 60전과 16엔 19전이다. 실업자적 직업으로서의 쓰레기수거업자는 세대주 25엔 61전, 독신자 16엔 64전이다. 교토의 경우는 자주적 노동자 35엔 42전, 정용부 34엔 30전, 정용공 31엔 8전, 일용노동자 29엔 63전, 등록노동자 21엔 81전의 순이며, 총 평균은 30엔 22전이다. 교토에 비해서 도쿄의 월수입액이 적은 것은 전술한 대로 도쿄의 조사가 선택 조사여서 노동자 중심인 데 반해 교토의 조사는 전체 거주자에 관한 계수이기 때문이다. 각 직종의 평균치에서 월수 30엔 이하가 차지하는 비율은 월수입이 가장 많은 자주적 노동자도 47.4%이고, 정용부는 43.4%, 정용공 56.8%이다.

다음으로 세대의 수입을 구조적으로 교토시의 조사에서 보면 다음과 같다. 이제 수입을 ①세대주의 수입, ②가족의 수입, ③공사부조(公私扶助), ④기타 수입으로 나누면, ①의 수입만 있는 사람이 총수의 56.9%, ①+②가 17%, ①+④는 14.4%가 된다. 또 수입 총액에 대한 이상의 각종 수입액이 차지하는 비율은 ①이 82.8%, ②가 10.4%, ③이 0.35%, ④가 6.5%이다. 이리하여 조사 세대의 총 평균에서 1세대의 수입은 ①이 38엔 26전, ②4엔 80전, ③13전, ④3엔 20전으로 합계 46엔 21전이다. 세대당 평균 수입액으로서 이 금액은 최대 분포도로서의 실제 평균보다는 훨씬 과대한 성질의 것이다. 즉, 교토의 조사 세대 7,422호 중 30엔 이하의 세대는 2,647호인 35.6%이며, 45엔 이하의 수입 세대는 5,234호로 70.5%를 차지한다. 따라서 총 세대의 70% 정도가 이 세대당 평균 수입 이하가 된다. 이것은 오사카의 조사에서도 마찬가지이며 이런 세대당 총 평균 수입은 46엔 35전이나, 30엔 이하 수입 세대의 조사 총 세대에서 차지하는 비율은 30.1%, 45엔 이하 수입 세대의 비율은 64.7%이다. 고베시의 경우 이런 의미에서의 세대당 평균 수입은 56엔

55전이다.

따라서 당시의 재일조선인 세대당 평균 월수입은 대체로 45엔 이하였다고 생각해도 좋을 것이다. 그렇다면 이런 세대 수입이 초래하는 생계란 어떠한 성질 또는 정도의 것일까. 그것을 한마디로 나타내기 위해 다음과 같은 비교를 해본다. 즉, 1932년에 실시된 '구호법'에 기초한 '생활부조 급여액의 한도'는 다음과 같다.[20]

세대인원 (인)	1	2	3	4	5	6	7	8
제2종 카드계층 (엔)	25	35	45	55	60	65	70	75

앞의 각 도시의 조사에서 평균 세대원은 교토 3.57인, 오사카 4.3인, 고베 4.2인이다. 그러므로 재일조선인의 세대당 월평균 수입 45엔 이하는 달리 말하면 세대원 4인의 월수입 45엔이다. 카드계층 4인 세대의 구호 한도액은 55엔이다. 따라서 당시 재일조선인의 70~80%를 차지하는 사람들의 월수입은 일본 정부가 정한 구호 한도액 이하이며, 일본 정부가 인정하는 최저생활비에 훨씬 못 미치는 것이었다. 뿐만 아니라 이런 월수입이 의미하는 재일조선인의 생활은 바로 구호를 요하는 카드계층의 생활인 것이다. 세대당 평균 월수입이 많은 고베의 조사에서 보더라도 세대원 수와 평균 수입의 관계는 다음과 같다.

세대원 수 (인)	1	2	3	4	5	6	7	8
평균 월수입 (엔)	43.20	50.55	50.81	52.14	58.18	64.50	71.55	74.18

---

[20] 天達忠雄, 「窮乏化は進行している」, 『経済評論』 1956年 9月号에서 인용.

전전의 재일조선인 세대당 평균 수입액이 이런 성질의 것임을 확인한 위에 이제 한 번 더 각 도시의 조사에서 월수입별 인원의 분포를 보면 〈표 42〉와 같다.

〈표 42〉 재일조선인 월수입별 세대주 분포 비율

월수입액	교토	오사카	고베
10엔 이하	9.2%	0.52%	1.09%
10~19	17.3	8.89	2.22
20~24	12.5	10.09	2.98
25~29	24.1	14.58	9.92
30~34	10.5	10.59	9.72
35~39	12.1	10.92	13.70
40~44	4.3	9.12	9.79
45~49	5.8	7.41	9.92
50~59	2.5	9.49	12.65
60엔 이상	1.7	18.39	28.01
	100.0	100.0	100.0

즉, 월수입액이 가장 많은 것은 교토에서는 25~29엔이며 오사카에서도 마찬가지이다. 고베시는 35~39엔이다. 월수입 45엔 이상이 차지하는 비율은 교토 10%이고, 오사카 35.3%, 고베가 50.6%이다. 그러므로 교토시의 조사는 다음과 같이 서술하고 있다. "도시의 최저 문화생활을 유지하기에 충분하지 않아도 최저의 인간적 생활을 유지하는 데 필요하다고 생각되는 월수 60엔 정도 이상을 소유하는 세대는 자주적 노동자 중에서는 4.2%, 정용부는 0.8%, 정용공은 2.2%, 일용노동자는 0.1%, 기타 노동자는 8.2%이며 총계 1.7%이다." 즉, 최저생활비를 월 60엔으로 한다면 교토시 거주 조선인의 98.3%는 그 이하의 월수생활자이다. 그러나 이것은 교토에 한하지 않고 60엔 이상의 월수입자가 오사카에서

는 총수의 18.4%, 고베에서는 28%를 차지하는 데 불과하다.

한편, 가계의 지출 면을 도쿄, 교토의 조사에서 보면 〈표 43〉과 같다.
이 표에서 도쿄의 경우, 평균 지출 합계는 세대주가 28엔 63전이고 독신
자는 19엔 57전이다. 그 중 주거비는 세대주가 5엔 36전으로 지출 합계
의 18.8%, 독신자가 2엔 98전으로 15.2%이다. 음식비는 세대주가 15엔
69전으로 총 지출의 54.8%, 독신자가 9엔 50전으로 48.6%이다. 피복,
광열, 기타 비용의 합계가 세대주 7엔 58전으로 26.4%이고 독신자는
7엔 9전으로 36.2%이다. 이러한 지출 내용은 교토의 경우도 대체로 비
슷하다. 즉, 내 집, 빌린 집, 단칸방의 세대주는 총 지출액 44엔 중 주거
비가 14.7%인 6엔 48전, 생활비(주로 식비)가 65.1%인 28엔 63전, 기타
가 20.2%인 8엔 89전이며 함바생활, 하숙자는 하숙비 12엔 93전으로
총지출의 59.1%, 기타가 40.9%이다. 그리고 지출 각 항목 중 독신자와

〈표 43〉 재일조선인 항목별 가계지출

도쿄							교토		
지출 항목		토공노동	쓰레기 수거업자	인부	평균	비율	지출 항목		금액	비율
세대주	주거	4.91엔	6.12엔	3.70엔	5.36엔	18.8%	내 집, 빌린 집, 단칸방	주거	6.48엔	14.7%
	음식	14.41	14.64	15.15	15.69	54.8		생활비	28.63	65.1
	피복	2.20	2.46	1.92	2.46	8.6		기타	8.89	20.2
	광열	1.54	1.67	1.39	1.69	5.8		합계	44.00	100.0
	기타	2.74	3.87	2.44	3.43	12.0				
	평균	22.89	25.67	22.71	28.63	100.0				
독신자	주거	2.49	2.11	1.95	2.98	15.2	함바, 하숙자	함바대 및 하숙비	12.93	59.1
	음식	9.60	8.16	9.34	9.50	48.6		기타	8.96	40.9
	피복	1.59	1.58	1.83	2.07	10.6		합계	21.89	100.0
	광열	1.00	0.86	0.91	1.04	5.3				
	기타	2.86	3.38	3.43	3.98	20.3				
	평균	14.71	14.54	15.41	19.57	100.0				

세대주의 지출 금액이 다른 것은 주거비와 식비이며 나머지 피복, 광열, 기타 비용은 거의 고정적이라고 해도 좋을 정도로 비슷하다. 이것은 무엇을 의미하는가. 즉, 독신자에 비해서 세대주가 지출 면에서 차이가 나는 것은 우선 가족이 있다는 점이다.

그러나 가족을 가짐으로써 생기는 지출의 증가가 주로 식비와 주거비에 한정되어 있는 점은 이런 가계지출을 내용으로 하는 생활이 얼마나 동물적인 하루 벌어 하루 사는 생활인지 그 일단을 말해주는 것이다. 더욱이 피복, 광열, 기타의 비용액이 세대주와 독신자 모두 거의 차이가 없는 것은 첫째는 세대주의 생활이 독신자보다 더 궁핍한 상태라는 것 즉, 세대주가 받는 임금이 가족의 동물적인 재생산조차도 고려되지 않은 수준의 것임을 밝히는 것이다. 둘째는 독신자의 지출 각 항목 금액도 그것이 얼마나 절체절명의 한계치의 것인지를 분명히 하는 것이다. 세대주건 독신자건 육체적 생명을 유지하는 데 절대 필요한 비목, 그 최저한의 지출에 의해서만 가계는 유지될 수 있었다. 재일조선인의 차별적 저임금과 저수입으로 인해 그들이 살아가기 위해서는 이런 혹독한 내핍이 강요되었던 것이다. 그렇기 때문에 "내지인 노동자가 견딜 수 없는 조의조식(粗衣粗食)의 조선인 노동자"라는 것은 조선인 노동자의 천성이 아니라, 그들에게 주어진 차별적 저임금의 산물임은 두말할 필요도 없다. 더욱이 이 표에서 흥미로운 것은 각 직업별 각 항목의 지출에서, 특히 세대주의 그것에서 주거비 이외의 지출 금액은 거의 차이가 없으나, 주거비는 직업별 또는 수입액에 따라서 상대적으로 큰 차이가 보인다는 점이다.

다음으로 월수입액별, 지출 항목별 금액을 오사카시의 특별조사에 대해 보면 〈표 44〉와 같다. 재일조선인의 가계지출을 일본인 노동자의 그것과 비교한 것이 〈표 45〉이다.

<표 44> 재일조선인 월수입액별, 지출 항목별 금액

월수입액	10엔 미만	20엔 미만	30엔 미만	40엔 미만	50엔 미만	60엔 미만	70엔 미만	70엔 이상	평균	비율 (%)
집세, 방세	0.95	3.63	3.66	8.80	8.15	6.16	10.25	10.23	5.48	16.91
쌀값	5.35	8.16	10.55	11.09	14.26	15.00	24.80	29.33	11.37	35.09
부식비	1.80	2.95	5.55	5.79	7.25	9.80	16.00	18.33	5.92	18.27
수도, 전등비	0.34	0.42	0.84	0.93	1.57	1.10	1.40	1.10	0.87	2.69
피복비	0.37	0.46	0.89	0.65	1.75	2.04	1.25	3.17	0.96	2.96
장작, 숯	0.30	0.94	1.36	1.55	1.93	2.66	3.90	2.87	1.47	4.54
술, 담배	0.95	0.59	1.02	1.86	2.18	6.88	0.50	6.00	1.74	5.37
자녀 용돈	0.16	1.07	0.77	1.41	2.98	0.54	3.00	2.33	1.21	3.74
학용품비	0.04	0.14	0.15	0.14	0.44	0.20	0.60	0.50	0.19	0.59
목욕비	0.40	0.37	1.03	0.92	1.36	1.12	1.00	2.17	0.93	2.87
기타	0.21	0.81	1.45	2.92	1.85	6.26	4.00	11.83	2.26	6.97
합계	10.87	19.54	27.27	36.06	43.72	51.76	66.70	87.86	32.40	100.0

大阪市社會部調査課, 『本市に於ける朝鮮人の生計』(1931)

<표 45> 재일조선인과 일본인 노동자의 가계지출 비율 비교

가계지출 항 목 별	조선인 (고베시 거주 세대당 평균)		일본인 노동자 (도쿄)	
	금액	비율	월수 86.34엔 공장노동자	월수 90.00엔 교통노동자
주거비	7.12엔	13.34%	17.95%	16.80%
식비	25.98	48.68	37.93	37.30
광열비	2.62	4.91	4.89	4.76
피복비	2.38	4.46	9.81	9.93
교제비	0.69	1.29	8.06	8.42
취미오락비	0.57	1.07	4.45	4.77
기타	14.01	26.25	16.91	18.02
(교통비)	—	—	(0.76)	(0.47)
(보건위생비)	—	—	(8.62)	(9.10)
(술, 담배)	(3.47)	(6.51)	—	—
(자녀 용돈)	(1.15)	(2.15)	—	—
(교육비)	(0.75)	(1.40)	—	—
(그밖에)	(8.64)	(16.19)	(7.53)	(8.45)
합계	53.37	100.0	100.0	100.0

고베의 수치는 앞에 든 고베시 조사
도쿄의 수치는 東京市役所編, 『東京市勤勞階級家計調査』(1935年度)

여기서 조선인은 각 도시의 조사 중 세대당 평균 월수가 가장 많은 고베시 조사에서 세대당 생계 지출의 평균치를 구하고, 일본인 노동자의 경우는 '도쿄시 근로계급 가계 조사' 중에서 월수입이 낮은 부류인 공장노동자와 교통노동자의 사례를 취했다. 즉, 월수입이 56엔 55전인 조선인 세대와 86엔 34전인 일본인 공장노동자 세대, 그리고 90엔 정도인 교통노동자 세대 각각의 가계지출을 비교했다. 이 표를 보면 우선 '기타' 항목의 지출 비율이 일본인과 조선인의 경우 매우 다른데, 그 원인은 '그밖에' 항목의 차이에서 온다.[21] 이는 주로 양쪽의 조사 방법의 차이에서 오는 것이다. 이 점을 제외하면 양자의 지출 비율에서 차이가 가장 큰 것은 말할 것도 없이 엥겔계수이다. 즉, 일본인 노동자의 경우는 식비가 가계 총 지출 중에서 차지하는 비율은 37~38%이나, 조선인의 경우는 48.7%이다. 게다가 앞서 든 도쿄 조사의 저수입 조선인 노동자의 경우는 세대주 평균 54.8%이며, 오사카시 거주 조선인 가계 특별 조사의 평균은 〈표 44〉와 같이 53.4%이다. 그와 반대로 교제비와 취미 오락비, 즉 이른바 문화비로 보이는 지출 항목에서는 조선인 2.4%에 비해 일본인 노동자는 12~13%로 큰 차이를 보인다. 피복비도 그 지출 비율은 일본인 노동자의 경우 조선인의 두 배 이상이다. 양자의 가계지출 비율에서 가장 차이가 적은 것은 광열비이며 그 다음이 주거비이다. 이상으로 양자의 가계지출을 비교해서 내릴 수 있는 결론은, 조선인의 가계지출 구성은 일본인 노동자의 그것과 양적으로 심한 차이가 있을 뿐만 아니라 질적으로도 다르다는 점이다. 일본인 노동자의 가계지출 구

---

[21] 전전의 재일조선인 가계에서 부기(附記)해야 할 점은 재일조선인의 상당 부분이 지출 중에서 고향으로 송금을 해야 하는 조건하에 있었다는 사실이다. 그러나 현실적으로 송금한 자의 비율은 앞의 각 조사에서 보면 도쿄는 세대주의 1.1%, 독신자의 7.8%, 교토는 23%, 오사카는 3.6%, 고베는 14.5%이다.

성이 일본 근로계급의 생활수준과 생활양식에서 통상적인 것이라고 한다면 조선인의 그것은 같은 일본 내 근로계급의 일인으로서 통상적이지 않으며, 따라서 일본인 근로자와는 전혀 다른 생활수준과 생활양식을 전제로 하는 것이다. 더욱이 일본인 노동자의 가계지출이 노동력의 재생산을 위한 최저생활비에서 이루어지는 것이라고 한다면, 조선인의 그것은 재생산이 고려되지 않은 '육체적 조건'의 파괴와 소모에서 이루어지는 것이다.

그러나 이와 같은 양자의 생활 정도나 내용의 차이에서 문제는 가계지출 비율보다는 지출 각 항목의 절대액에 있다. 즉, 주거비가 지출 중에서 차지하는 비율은 조선인 13.3%이고 일본인 노동자 16.8%여서 큰 차이는 없다고 해도, 그 절대액은 조선인 7엔 12전에 비해 일본인 노동자 15엔 12전으로 조선인의 주거비는 일본인 노동자의 절반 이하이다. 마찬가지로 〈표 43〉에서 도쿄의 조선인 노동자는 주거비 4엔 91전이므로 일본인 노동자의 약 3분의 1 이하이다. 그렇기 때문에 문제는 이러하다. 만일 일본인 노동자의 주거가 나가야(長屋, 칸을 막아서 여러 가구가 살 수 있도록 길게 만든 집 – 옮긴이)라면 주거비 지출액이 일본인의 2분의 1 또는 3분의 1 이하인 조선인의 경우는 구체적으로 어떤 형태일까. 그것은 땅을 파서 거기에 직접 기둥을 세워 만든 바라크(허름하게 임시로 지은 무허가 집 – 옮긴이) 이외에는 안 될 것이다. 나가야에 사는 것과 바라크에 사는 것은 생활수준 또는 내용 면에서 양적 차이가 아니라 이미 질적인 차이가 난다. 마찬가지로 피복비를 보아도 조선인 세대는 2엔 38전인 것에 비해 일본인 노동자 세대는 8엔 94전이다. 즉, 일본인 노동자 세대가 조선인 세대의 약 4배이다. 이 경우 일본인 노동자의 생계가 일정한 생활양식에서 그 최저한의 것임을 고려한다면 일본인 노동자의 4분의 1의 피복비밖에 쓰지 못하는 조선인은 항상 "남루한 옷을 걸치는" 정도일 수밖에 없었다. 식비도 일본인 노동자 세대가 33엔 57전인 데 반해 조선인 세대는 25엔 98전이다. 이것만은 일본인 노동자의 몇 분의 일인가로 낮출 수가 없다. 그러므로 일본인 노동자 세대보다 25%가 적은 조선인 세대의 식생활은 질, 양 모두 매우 '조악한 식사'가 되지 않을 수 없다. 문화비는 일본인 노동자에 비해 조선인의 경우는 전혀 없다고 해도 좋다. 조선인 세대의 가계는 가족의 생명을 유지하기 위해 필요한 조악한 식사와 기타를 위해 주거도 의복도 일체의 문화비도 희생해야 하는 상황에 있었다.[22]

이리하여 일본인 노동자 세대와는 질적으로 다른 가계지출에서 나타나는 조선인의 생활은 생활수준에서나 내용의 구체성에서 일본인 노동자와는 질적으로 다른 특수한 것, 이른바 일본에서의 '조선인'적인 형태를 취하게 된다. 즉, 바라크 등 불량 주택가의 밀집주거, 남루한 옷과 조악한 식사, 비위생, 오염, 동물적인 저수준의 생활, 비문화성, 야만성 등등 일반 일본인의 의식에 전통화된 '조선인 생활'의 모습이다. 식민지 몰락 농민의 유민적 도항으로 생성된 재일조선인에게 부여된 차별적 저임금과 저수입은 필연적으로 이런 '조선인 생활'을 결과하지 않을 수 없었다. 그것은 또한 일본에서 조선인 생활의 기조로서 전통화되어 왔으며, 전후의 오늘날에도 이런 전통은 재일조선인 생활의 기본을 이룰 뿐만 아니라 오히려 악화되고 있는 정세 속에 있다.

---

22) 재일조선인 가계 수지의 결산액은 〈표 44〉가 제시하는 바와 같이 엄밀히 수입액 이하의 한도에서의 지출이다. 이는 수입을 넘어 지출을 하려고 해도 그 수단이 없었고, 나아가 적자를 보전할 방법이 없었기 때문이다.

(2) 전후의 생계

전전 재일조선인의 생활을 근본적으로 억눌러왔던 차별적 저임금과 저수입은 전후에 어떤 변화를 가져왔을까. 일본 지배로부터 조국의 해방과 일본 내 민주화의 진전으로 재일조선인은 이런 기본 조건에서 탈출할 수가 있었을까. 분명 일본 내 각 직장에서 종전과 같은 차별적 저임금제는 없어졌다. 그러나 동시에 조선인 노동력에 대한 고용도 함께 사라졌다. 고용이 있다고 해도 임시적인 예외에 속하게 되었다. 즉, 고용이 사라짐으로써 차별적 저임금제는 보이지 않게 된 것이다. 보다 정확히 말하면 다음과 같다. 전전에 조선인에 대한 차별적 저임금제는 전후가 되어 임금 차별이 아니라 고용 그 자체에서의 차별로 나타나게 되었다. 오늘날 "일본인이 경영하는 어떤 회사, 어떤 공장에서도 조선인은 한 명도 일하고 있지 않다"[23]고 해도 결코 과언이 아니다.

임금 차별이 아니라 고용 자체의 차별 즉, 직장으로부터의 방출이라는 형태로 나타나게 된 것은 전후에 조선인에 대한 차별적 저임금과 저수입의 기본 조건이 오히려 더 심화되었음을 의미한다. 전후 귀환하지 않고 잔류한 조선인 중 자영업 또는 조선인 기업에 종사하고 있는 일부의 사람들을 제외한 대부분의 사람들은 전후의 혼란기를 거쳐 결국 실업자가 되었음은 앞에서 서술한 바 있다. 이 사람들은 제2종적인 일로 연명하지 않을 수 없게 되었으나, 이 부분에서도 조선인에게는 일이 주어지지 않았고, 만약 있다고 해도 일본인이라면 어지간히 곤궁한 자라도 손을 대지 않을 법한 나쁜 조건의 열악한 일밖에 남아 있지 않았다. 그러므로 조선인 실업자에게는 일이 사라지고 찾아질 전망도 없었으며, 무언가 하고 있어도 그것은 거의 직업이라는 이름에 적합하지 않을 정

---

23) 李東準, 『日本にいる朝鮮の子ども: 在日朝鮮人の民族教育』(春秋社, 1956).

도로 저수입의 조건이 나쁜 것이었다. 따라서 재일조선인의 60%에 가까운 사람들은 전후에 일본인 실업자보다 몇 배나 더 열악한 조건하에서 입에 풀칠할 길을 강구해야 하는 입장에 놓여 있다. 그 구체적인 사례를 앞에서도 거론했던 도쿄도 고토쿠(江東区) 에다가와초(枝川町)에 대해서 살펴보자.[24] 이 밀집주거지에는 160세대의 조선인이 살고 있으나, 그중의 30세대가 고철줍기를 한다.

　고철줍기는 도쿄도의 쓰레기장에서 가까운 이 부락의 인기 있는 직업으로, 조선인의 비참한 생활을 나타내고 있다. 고철줍기는 쓰레기장에서 이루어지는데, 남자는 '요나기'라는 방법을 쓴다. 그것은 쓰레기장의 재를 끌어 모아 이것을 체에 넣고 물로 거른다. 그러면 철이 남는다. 여자는 엄청 큰 자석을 쓰레기 속에 쑤셔 넣어서 철을 끌어 모은다. 이렇게 해서 모은 철은 동철상(銅鐵商)에 팔아 기껏해야 200~300엔 정도의 수입을 얻는다. 고철줍기는 비오는 날은 쉬어야 하므로 한 달에 5~6천 엔 벌이밖에 안 된다. …… 제대로 된 신경을 가진 인간이 쓰레기장에서 7시간, 8시간이나 일을 계속할 수가 있을까. 이곳에 3시간만 있으면 얼굴이 재를 뒤집어써서 새까매진다. 여름에는 파리와 썩은 냄새로 고통스럽다. 이 비위생적인 장소 속에서 가만히 참는 데에는 상당한 인내력이 필요하며, 그 무엇보다도 거기서 일하지 않으면 먹고 살 수 없다는 조건이 있다.

또한 13세대가 양돈을 하고 있는데 양돈도 마찬가지로 그 실태는 다음과 같다.

---

24) 田中寬一, 「解放地区枝川町: ルポルタージュ」, 『改造』 第33卷 9号 (1952). (원문에는 인용이 '앞의 책'으로 되어 있으나 내용상 오류인 듯해서 해당 논문으로 수정했다-옮긴이)

　　양돈은 조선인의 직업으로서는 드물지 않다. 돼지의 먹이는 주로 잔반이므로 온 집안이 잔반을 모으러 여기저기 돌아다녀야 한다. 그러나 잔반은 생각처럼 모아지지 않는다. 돼지는 야윈 채로 8개월 정도 지나면 팔려 나간다. 양돈의 수입은 고철줍기와 피장파장이다.

　　이런 일에는 아무리 궁핍한 일본인 실업자라도 손을 대지 않고, 또한 하지도 못한다. 따라서 이런 성질의 일에 조선인 실업자가 입에 풀칠 할 수 있는 여지가 조금 (남겨져 있다고 말할 수 있다면) 남겨져 있다. 이는 재일조선인의 대부분이 일본인 실업자보다도 훨씬 조건이 나쁜 저수입의 생활조건에 놓여 있음을 분명하게 보여주는 것이다.

　　한편, 전전과 같은 조선인에 대한 차별적 저임금과 저수입의 기본 조건이 전후에도 그대로 구현되는 사례도 있다. 즉, 그것은 조선인 기업이다. 대체의 경우에 조선인 기업에 종사하는 조선인의 임금은 일본인 근로자 일반의 그것과는 상관없이 체계화되어 있다. 게다가 많은 경우, 직종이 달라서 눈에 두드러지지 않는 형태이기는 하나 조선인 기업 내에서 일하는 조선인 노동자와 일본인 노동자의 임금에는 분명히 차별이 있다. 전자는 얼마나 조선인이 일본인 경영의 각 직장에서 완전히 축출당하고 있는지 보여주는 것이고, 후자는 동족의 종업원에게 차별적 임금을 지불하지 않을 수 없는 것이므로 일본인 노동자와 비교해서 얼마나 조선인 노동자 일반의 임금과 생활이 저하되어 있는지를 보여주는 것이다. 따라서 재일조선인에게 전래의 차별적 저임금, 저수입과 거기서 오는 낮은 생활수준이라는 생활의 기본 조건은 전후에 몇 배나 더 심각해졌다고 말하지 않을 수 없다.

　　그렇다면 전후의 저수입, 낮은 생활수준의 구체적 실태는 어떠한가. 앞서 언급한 에다가와초의 조사에 따르면 거주 조선인의 월수입은 대체

로 5~6천 엔이다. 이 월수입액은 에다가와초 거주 조선인에게만 한정되
지 않는다. 지역에 따라 약간의 차이는 있으나 당시 실업 조선인의 월수
입 표준액으로 전국적으로도 적용할 수 있다. 재일조선인의 60% 가까
운 사람들의 평균 월수입액이 6천 엔이라 치고, 일본인 근로자 각층과의
월수입액을 비교해보면 〈표 46〉과 같다.

〈표 46〉 전후 일본인과 조선인의 월수입 비교

구분	수입 계층별	월수입액
일본인	근로자 가계 조사 보고(총리부 통계국)	36,545엔
	수산장 이용자 세대(도쿄도 민생국)	21,096
	제조업 평균 임금(노동성 조사)	17,093
	제2종 주택 거주 세대(도쿄도 민생국)	19,581
	생활보호법에 의한 보호대상 세대(도쿄도 지부)	9,940
조선인	도쿄 에다가와초 거주 조선인 수입 표준액	6,000

제2종 주택이란 보통의 집세를 지불할 수 없는 사람들을 위한 주택
天達忠雄, 앞의 논문에서 인용

즉, 다른 근로층과의 비교는 어떻든 간에 조선인의 월수입액은 일본
인의 제2종 거주 세대 수입액의 3분의 1이며, 생활부조를 받고 있는 세
대 수입액의 60%에 불과하다. 더욱이 조선인은 전술한 바와 같은 일에
서 얻은 수입이다. 따라서 재일조선인의 60% 이상의 사람들이 생활부
조를 받고 있는 '보호를 요하는' 조건하의 일본인 세대의 수입을 하회하
는 월수입밖에 없게 된다. 그리고 생활보호법의 '현행 기준액'에 의하면
대도시 5인 가족의 경우에 부조 기준액은 약 1만 엔이다. 이 기준액은
전전의 '생활부조 급여 한도액'을 훨씬 밑도는 성질의 것이기는 하나 이
것을 일본에서의 최저생활비로 한다면, 조선인의 경우는 그 60, 70%가
이런 최저생활비 금액 이하의 월수입자이자 생활자이다. 그런 의미에서

는 재일조선인의 60, 70%는 보호를 요하는 생활자이기도 하다. 요보호 생활자가 아닌 자는 자주적 경영자, 기업주와 그 측근자, 공무자유업의 일부 사람 등, 재일조선인의 20, 30% 이하 정도에 불과하다. 그러면 월 수입 6천 엔으로 어떻게 생활할 수 있을까.

그 전형적인 예를 「르포르타주 에다가와초」[25]가 전하는 일용(日傭) 세대에서 보면 다음과 같다. 처와 자녀 1인으로 가족원은 3인이며, 한 달 생활비로 8천 엔은 필요하지만 수입은 한 달에 7~10일간 일한 일용 수입 1,500~2,000엔과 생활보호법의 부조액 1,900엔, 그리고 기타 부수입 등을 포함해 합계 5,400~5,900엔밖에 되지 않는다. 이것으로 어떻게 생활을 할까. 조선인을 남편으로 둔 32세의 일본인 부인은 "실제로 이것으로 용케도 먹고 사는구나하고 감탄할 정도이다. 일본 정부도 조금은 인간답게 취급해서 조선인에게 제대로 된 직업을 주었으면 좋겠다"고 말한다. 이런 생활 실정에서 만년 '보릿고개'와 같은 생활이 재일조선인의 60% 이상을 차지하는 실업자들의 생활 실태인 것이다.

이것을 다시 필자가 조사한 지역의 세대에 대해서 살펴보자. 〈표 47〉은 조사 대상인 41세대를 직업별로 나누어 본 생계 정도 조사이다.

여기서의 생계 정도는 생활 정도와 생계 상태의 양자를 합해서 고려한 것이다. 생계 정도 분류에서 '상'은 생활 정도도 높고 생계에 여유가 있는 것을 가리키고, 2세대가 있다. '중'은 조사 지역에서 일본인 세대 일반의 생활 정도로 생계 상태도 수지가 균형을 이루고 있는 정도이며, 3세대가 있다. 중위의 일본인 정도의 생활을 하고 있는 것은 이상의 5세대인데, 그 중 3세대의 직업이 유흥업이며 2세대가 과자상과 음식점인 점에 주목해야 한다. '중하'는 조사 지역의 근로자 하층 정도의 생활로

---

25) 田中寬一, 앞의 논문.

〈표 47〉 도호쿠지방 소도시의 조선인 직업별 생계 정도

직업	상	중	중하	하	극하
농경			3		
양돈				1	
토건청부			1		
과자상	1				
고물상			1		
유흥업	1	2	3		
음식점		1	4		
쓰레기수거				5	2
부업					1
실업대책 토공노동			1	4	3
아탄 채굴				2	
우산 수리				1	1
밀주 양조					1
거지 부랑자					2
합계	2	3	13	13	10

앞의 실태 조사에 의함

생계는 힘들지만 그럭저럭 살아갈 정도로서 13세대이다. '하'는 가재(家財)도 거의 없이 단칸방을 빌려 사는 생활자이며 식생활 자체도 곤란하여 항상 쌀 걱정을 해야 하는 정도의 생계 세대로서 13세대이다. '극하'는 '하'보다 더 힘든 생활 정도와 생계 상태로서 10세대이다. 각 생계 정도별 세대에서 대표적인 사례로서 한 세대씩 선택해서 실제의 생활 상태를 보면 다음과 같다.

'상' : 과자상 50세, 재일(在日) 연수 30년, 도항 제2기(이 책의 도항기 별), 일본인 처(조선에 본처 있음), 자녀 3인, 세대원 합계 5인, 전직은 전전의 토건노동자, 100만 엔이 넘는 점포를 소유하고 성업 중이며 저축 있음.

'중' : 유흥업 39세, 재일 연수 17년, 도항 제3기, 일본인 처, 자녀 1인, 기타 세대원 2인, 합계 5인, 전전의 직업은 토건노동자 감독, 2층집을 소유하고

월 3만 엔의 수입이 있으나 고르지 않음.

'중하' : 음식점 33세, 재일 연수 13년, 도항 제3기, 일본인 처, 자녀 3인, 세대
원 합계 5인, 전시 중에 징용으로 건너왔으나 징용에서 도망쳐 나와 이 지
방에서 거주, 시장 음식점 경영으로 겨우 생활하고 있다.

'하' : 실업대책 토공노동 36세, 재일 연수 16년, 도항 제3기, 일본인 처(조선
에 본처 있음), 자녀 3인, 세대원 합계 5인, 전전의 직업은 광부, 실업대책
토공노동을 한 달에 20일 정도(1일 수입 200엔) 다른 날은 일이 있으면
일용 노동, 이전에 생활보호를 받고 있었으나 중단됨. 한 달에 3분의 1 정
도 처는 자녀를 데리고 다른 집에 도우미로 가서 식사를 한다. 그것으로
겨우 유지하고 있다.

'극하' : 쓰레기수거 43세, 재일 연수 25년, 도항 제2기, 조선인 처, 자녀 5인,
세대원 합계 7인, 전전은 광부, 생활보호 월 2,000엔을 받고 있다. 생활은
"곁에서 보고 있을 수 없을" 정도의 참상.

이상과 같은 생계 정도 구분의 내용에서 '상', '중'의 세대가 총수의
약 10%, '중하'가 약 30%, '하', '극하'가 약 60%이다. 따라서 일단 생계
를 유지할 수 있는 자가 전체의 약 40%이고, 나머지 60%는 전혀 생계를
유지할 수 없는 상태이다. 그 중에서도 특히 총수의 25%에 해당하는 10
세대의 궁핍 상태는 심각하다. 이 10세대는 전부가 최고 4,000엔에서
최저 1,500엔의 생활보호를 받고는 있으나 생활은 어찌 해볼 도리가 없
는 상태이다. 생활보호는 이 세대군의 사람들에게 생계의 사활을 좌우
하는 관계에 있다. 조사 세대의 실태에서 생계 정도가 낮은 자의 생활이
개선될 전망은 한 집도 보이지 않는다. 왜냐하면 어느 세대도 생활 개선
을 위한 어떠한 조건도 갖추고 있지 않기 때문이다. 오히려 '중' 이하의
세대는 부동적(浮動的)인 직업조건으로 인해 전락할 계기가 충분하며,
특히 '중하' 세대 중 일부 세대의 전락은 피할 수 없을 것으로 보인다.
거주 총세대의 60%가 단순히 빈곤할 뿐만 아니라 생계가 성립하지 않

는 절박한 상태에 놓여 있다. 이 궁핍 상태에서 탈출할 수 있는 아무런 조건도 갖고 있지 않은 점, 거주 조선인의 직업의 불안정성 때문에 아직 절박한 상태를 초래하지 않은 세대도 시간의 경과와 더불어 마침내 전락할 것이고, 가까운 장래에 빈곤자는 점점 더 누적될 정황하에 있음이 본 조사 결과에서도 충분히 밝혀졌다.

본 조사 지역에 거주하는 조선인의 생활 상태도 에다가와초의 그것과 매우 비슷하며, 어떤 의미에서는 본 조사가 에다가와초의 그것보다 나쁜 상태일지도 모른다. 아마도 일본 내 시부(市部), 군부(郡部)를 불문하고 재일조선인의 생활 실태는 이상의 조사 도시의 그것과 대동소이하리라고 생각된다. 1952년 8월 17일자 『아사히(朝日)신문』은 오사카에 거주하는 조선인의 생활 상태에 대해 다음과 같이 보도하고 있다.

전후 한때는 조선인의 생활이 일반 일본인 이상의 '화려함'을 보였으나, 경제 상태나 사회 상태가 안정됨에 따라 조선인의 생활 상태는 하향하게 되었다. 한 때는 오사카시의 번화가까지 진출했던 자도 거의 그림자를 감추고 현재는 기껏해야 파친코점을 경영하는 정도로, 그 밖에 눈에 띄는 것은 없다. …… 금융계에서는 조선인의 융자를 꺼리고 공장 등에서도 조선인 노무자를 고용하지 않을 뿐만 아니라 해고하는 경향까지 강해지고 있다고 한다. 오사카시 경시청의 조사에서는 시내 76,000명의 조선인 중 최저생활자가 48%를 차지하고, 그 생활 실태는 쉽게 파악되지 않지만 돈이 있을 때는 싸구려 여인숙에 묵고, 돈이 떨어지면 길거리에서 노숙하는 생활을 하는 자도 있다는 소문이다. 다만 오사카시의 경우는 밀집 지역이 넓은 탓인지 이렇게 하고 있어도 어떻게든 먹고 사는 사람이 많은 것 같다.

따라서 전후의 재일조선인 생활에 대해 우리는 다음과 같이 말할 수 있을 것이다. 재일조선인의 극히 일부, 수적으로는 정말 얼마 되지 않는 사람들의 부초적(浮草的)인 영화(榮華)나, 많아봤자 10, 20%에 불과한 자영업자, 기업주들의 생활 향상과 안정(단지 전전과 비교해서)에 현혹되어서 재일조선인의 대다수, 즉 그 60, 70%를 차지하는 사람들의 생활에서 저수입과 저생활의 조건이 전전보다도 더 악화되고, 그 결과로서 더 이상 생활을 영위할 수 없을 정도로까지 궁핍해진 현실을 결코 경시해서는 안 된다. 오늘날 재일조선인의 생활 문제는 전전과 같이 단순히 '생활의 어려움'이나 '생활의 저위성'에 있는 것이 아니라 생계 자체를 꾸릴 수 없게 되었다는 점에 있으며, 거기서 문제가 전개되고 있는 점을 주시해야 할 것이다.

3) 주거

전전 조선인의 임금은 오사카시의 예를 보면 일본인 노동자의 59%이다. 일본인 노동자의 임금도 일본의 사회 하층 생활양식에서 겨우 생활을 하는 정도의 수준이다. 따라서 일본인 노동자의 약 절반의 수입을 얻는 조선인의 생활은 필연적으로 일본인 일반에 비해서는 물론, 일본인의 최하층 사람들과도 전혀 질적으로 다른 생활양식을 취할 수밖에 없다. 이 특수한 생활 양태 중에서도 가장 두드러지게 나타난 것이 주거양식이다. 왜냐하면 식비는 육체적 조건을 지탱하는 것으로서 줄이는 데도 한계가 있으므로 결국은 생활비 중에서 주거비를 대폭 절약하지 않으면 일본인 노동자 임금의 반밖에 안 되는 수입으로는 도저히 생계를 유지할 수 없기 때문이다. 그러므로 재일조선인의 저임금 저수입의 기본 조건에서 생활의 궁핍은 주거비의 절감 또는 희생을 가져오며, 그 때문에 재일조선인의 곤궁은 주거 문제에서 가장 잘 나타나게 된다. 전전의 '조선인 문제'라는 것이 실업 문제와 더불어 '불량 주택 문제'로서 나타난 이유는 오로지 여기에 있다.

재일조선인의 일본인과는 다른 특수한 생활양식의 하나로서 주거양식의 양태는 한마디로 표현한다면 '불량 주택가의 밀집주거'이다. 전전의 밀집 상황에 대해 앞서 든 각 조사의 간사이지방을 예로 들면 〈표 48〉과 같다.

즉, 고베시의 경우는 하야시다(林田)에 압도적으로 밀집해 있고, 다음으로 미나토히가시(湊東), 효고(兵庫)에 집중해있다. 오사카시는 히가시나리구(東成区), 미나토구(港区), 히가시요도가와구(東淀川区), 니시나리구(西成区)에 집중해있다. 밀집주거의 구체적인 상황을 1930년대 오사카시의 예에서 보면 다음과 같다.[26]

〈표 48〉 재일조선인 밀집주거 상태

고베시 (1㎢에 대한 조선인 인구밀도)		오사카시 (각 구 분포 비율)	
나다(灘)	88.5명	기타구(北区)	6.7명
후키아이(葺合)	65.0	고노하나구(此花区)	7.3
고베	53.5	히가시구(東区)	3.2
소토(湊東)	206.9	니시구(西区)	0.9
미나토(湊)	56.5	미나토구(港区)	11.6
효고(兵庫)	142.5	덴노지구(天王寺区)	2.1
하야시다(林田)	805.2	미나미구(南区)	2.0
스마(須磨)	82.2	나니와구(浪速区)	6.6
시 전체	228.8	니시요도가와구(西淀川区)	6.4
		히가시나리구(東成区)	28.6
		스미요시구(住吉区)	4.0
		니시나리구(西成区)	9.2
		히가시요도가와구(東淀川区)	11.3
		합계	100.0

26) 大阪府学務部社会課, 『在阪朝鮮人の生活状態』(1934).

표에서 보는 바와 같이 오사카 거주 조선인은 주로 히가시나리, 히가시요도가와, 미나토 및 니시나리구 등 신시(新市) 방면에 밀집 거주하고, 특히 히가시나리구의 밀도는 현저히 농후하여 단연 발군(拔群)이다. 여기서 히가시구(東区) 히가시오바시초(東小橋町)의 속칭 조센초(朝鮮町)에 대해 밀집주거 상황을 엿보면 1호당 평균 거주 인원은 18.2명, 1호당 평균 다다미(畳, 일본 가옥에서 사용되는 전통식 바닥재. 속에 짚을 5cm 두께로 넣고 위에 돗자리를 씌워 꿰맨 것으로 직사각형의 형태를 띤다-옮긴이) 수는 10.2조(다다미 1장을 1조라고 하며, 지역마다 크기가 다르나 오사카가 속한 간사이 지역은 1.82㎡, 도쿄가 속한 간토 지역은 1.54㎡이다-옮긴이), 1인당 평균 다다미 수는 0.55조로, 이것을 오사카의 카드 등록자의 생활 조사에서 나타난 1세대당 평균 실수(室數) 2실, 1인당 평균 다다미 수 1.5조와 비교하면 조선인의 밀집 상태가 오사카시의 대표적인 슬럼계급의 그것보다도 더 심하다는 것을 알 수 있다. 이 밀집주거 지역의 가옥은 대개 오래된 목조 1층으로 된 나가야(長屋)로 낡아서 여기저기 부서졌으나, 이런 종류의 나가야 거주는 그래도 상등의 부류에 속하며 미나토구와 히가시나리구 등에 산재하는 바라크, 기둥을 박아 세운 오두막집, 거적을 걸쳐 만든 천막, 닭장 등에서의 조선인 노동자의 군거(群居) 생활은 그 환경의 추악함과 더불어 인간 생활의 최저기준을 생각하게 만들기에 충분하다.

그렇다면 재일조선인은 왜 이런 밀집주거의 생활양식을 취하게 되었는지 그 이유에 대해 교토의 조사[27]는 다음과 같이 서술하고 있다.

조선 출신 동포 노동자의 주택은 강변이나 그 밖의 빈터를 이용해서 아무렇게나 열 지어 지어진 오두막집, 동네 변두리의 먼지가 많은 지역에 너저분하게 군집한 나가야로 급속히 시민의 눈앞에 전개되었던 것이다. 조선 출신 동포 주택의 문제는 그 밀집양식으로 인해 두 가지 문제가 있다. 하나는 조선 출신 동포 주택의 밀집 군거이고, 다른 하나는 모든 도시에서 종래 도시의 암

---

27) 앞의 책 『市内在住朝鮮出身者に関する調査』.

적인 존재인 불량 주택 지구에 조선 출신 동포의 주택이 유입한 것이다. 전자는 새로운 불량 주택 지구를 형성하는 것이며, 후자는 불량 주택 지구를 확대, 증가시키는 것을 의미한다. 모두 불량 주택 지구의 개량 사업을 곤란하게 하고 지체시키는 근원이 된다. 조선 출신 동포 주택의 문제가 이런 불량 주택 지구의 문제로 인식되고 그 대책에 노심초사하고 있음을 볼 때, 이것의 근본적 해결을 위해서는 우선 '왜 조선 출신 동포는 이런 지구를 형성하는가'라는 지구 형성의 기본적 원인에 대해 고찰해야 한다. 즉, 조선 출신 동포의 경우, 낮은 생활 정도는 그들이 본래 보유한 것이 아니라 그들의 경제적 조건에 의해 초래되었다고 보아야 할 것이다. 그리고 일반적으로 낮은 수준의 수입과 그에 기초한 생활양식 전반의 낮은 수준은 그들이 보다 고도의 생활권 속에서 함께 생존하는 것을 불가능하게 하는 것이다. 그래서 그들이 생활하기 편한 곳을 찾아 서로 모이게 만들었고, 그들은 최저생활을 유지할 수 있는 싸고 편한 곳을 시내의 불량 주택 지구 속에서 발견하고, 시중에서 떨어진 비 주택 지구 내에 그들 자신의 안주할 땅을 창설했던 것이다.

즉, 재일조선인은 그 차별적 저수입 때문에 주거비에 극히 소액밖에 지불할 수 없거나 먹는 것이 빠듯해서 주거를 위해 쓸 돈이 없다. 이것이 재일조선인의 생활에서 주거관계의 본질적인 형태이다. 이와 같은 주거 조건하에 있는 자는 일본인 노동자 중에는 적고, 조선인뿐이다. 이것이 '서로 모여' 거주하는 기본 이유이다. 즉, 이런 조건에서는 주거를 얻기가 곤란하며 어지간히 특수한 방법이 아니면 손에 넣지 못한다. 따라서 조선인은 한정된 특수한 장소에서만 주거를 얻을 수 있으니까 결국 좁은 지역에 밀집하지 않을 수 없었으니, 그 구체적 논리는 이러하다. 조선인의 주거 조건에 가장 가까운 것은 도시의 슬럼가이다. 그러나 슬럼가라고 해도 조선인의 주거 조건과는 아직 거리가 있다. 따라서 이곳으로 유입한 조선인 세대는 예컨대 지금까지 5명이 살던 집에 10명이 살든가, 또는 오두막집을 만들든가 하지 않으면 주거가 불가능해진다. '불량 주택'이 증가하는 이유이다. 이런 식으로 슬럼에 들어가는 것이 곤란한 경우는 '멀리 떨어진 땅'에 비와 이슬을 피할 정도의 오두막집을 짓는 것이다. "건축공사장에서 주워 모은 목재나 석유 상자, 판자 등을 이어 붙여 독창적인 예술미를 표현한 신축 가옥(?)을 세우고 있다. 이것이 상당한 집단을 이루어 종래의 슬럼가와 비교해서 정말 기이한 느낌을 주고 있는"[28] 것이다.

이와 같은 오두막집에도 들어갈 수 없는 사람들은 한 예를 들면 다음과 같이 된다. "현재 고베시의 철도는 고가화(高架化)하고 있다. 그 철도 공사에 종사 중인 토공인부의 대다수는 조선인이며, 그 많은 노동자는 집시처럼 공사장 아래 아무데서나 그냥 잠을 자는 상황이다. 이는 시내의 눈에 잘 띄는 장소에서 그러하다."[29] 기존의 슬럼 지역이건 강변 빈터 등에서의 오두막집 축조이건 일단 조선인의 주거가 시작되면 그곳으로 날이 갈수록 조선인은 밀집하게 된다. 왜냐하면 조선인의 주거 조건으로는 이런 지역 외에서 주거를 찾을 수 없기 때문이며, 조선인의 차별적 임금과 고용으로도 여기서는 주거를 쉽게 손에 넣을 수 있기 때문이다. 이리하여 각 도시에 조선인의 밀집 거주 지역인 조선인 마을이 형성되었던 것이다. 밀집주거의 이유로서는 다음과 같은 것을 들 수 있다.

첫째, 분산주거의 곤란함이다. 인종적 이유로 언어, 습관을 달리 하므로 자연히 동향(同鄕)끼리 서로 의지하게 되기 때문이다. 그러나 분산 거주가 곤란한 진짜 이유는 교토시의 조사가 "문화의 고도한 풍습을 위한 경제적 조건의 결여"라고 지적한 바와 같이 조선인이 지닌 일본인 일반 수준과 동떨어진 경제적 조건에 의한 것이다.

---

28) 앞의 책 『在京朝鮮人勞働者の現狀』.
29) 앞의 책 『朝鮮人の生活狀態調査』.

둘째, 집 얻기의 곤란함이다. 도쿄의 조사는 "조선인 노동자가 가장 불편을 느끼고 생활에서 최대 위협을 받는 것은 주거 문제, 그 중에서도 주택 대차의 문제이다. 과거에 조선인 노동자가 집을 거칠게 사용했다거나 집주인에 대한 대립적 감정, 집세의 체납 및 이사 비용의 요구 등등 불상사가 누적되어 조선인에게는 집을 빌려주지 않거나 빌려주지 말라는 경향이 농후해지고 있다"고 서술하고 있다. 또 오사카시의 조사는 "오사카 거주 조선인이 극단적으로 집을 얻기 어려운 것은 본래 주택 공급 상태가 좋지 않아서이나, 이 경향을 한층 더 조장하는 것은 오사카 조선인의 대다수가 집세 지불 능력이 없고, 내지인 집주인 중에는 일반적으로 조선인에 대해 자신의 집을 개방하기를 원치 않는 자가 적지 않다는 것이다. 작금 오사카 시내의 일부 집주인 사이에서는 집주인동맹까지 만들어 조선인에게는 집을 빌려주지 않는다는 결의를 한 경우조차 있다고 하는데, 대체 무엇이 그들을 그렇게 만들었을까. 그 주된 이유를 들면 다음과 같다. 집세를 체납하는 것, 가옥의 사용이 난폭하고 불결하다는 것, 한 집에 무리지어 사는 것"[30]이라고 서술한다. 또 고베시의 조사는 "빈대조차 다다미에 둥지를 트는 문명개화의 오늘날, 다다미 위에 자기가 쓸 침상 하나 둘 수 없는 조선인의 존재는 분명 현대 7대 불가사의 중 최고로 꼽기에 충분하다. 조선인은 집을 엉망진창으로 만들어버리기 때문에 불안해서 빌려주지 않는다고 집주인 측은 일제히 수비를 굳힌다. 아무리 해도 집을 빌려주지 않으니까 어쩔 수 없이 좁은 집에 많은 사람이 비좁은 것을 참고 있는 것이다. 더러워질 수밖에 없도록 만들면서 새삼 더럽히니까 빌려줄 수 없다니 이 무슨 말인가 조선인 측은 얼굴을 붉히면서 흥분한다. 우리로서는 이 알이 먼저인가 닭이 먼저인

---

30) 大阪市社会部労働課, 『本市に於ける朝鮮人住宅問題』(1930).

가의 인과관계를 판단할 수가 없다"[31]고 했다. 그러나 재일조선인이 집
을 얻을 수 없는 현상이 조선인의 생활에서 오는 주거 조건에 있었음은
새삼 말할 필요도 없을 것이다.

셋째, 도항해온 사람의 증가이다. 오사카시 사회부 보고 제223호『게
마(毛馬)·미야코지마(都島) 양 교각 사이의 가주(家舟) 거주자의 생활 상
황(1937년)』에 따르면, 가주(배 위에 집을 지은 수상 가옥-옮긴이) 거주자 총
수 153세대 중 3분의 1이 조선인 세대이며, 그 83%가 경상도 출신자이
다. 이는 친척, 지인을 통해 일본으로 건너와 동일 장소에서 거주하게
되는 원형적인 예인데 이런 사정이 밀집주거의 큰 원인을 이룬다.

다음으로 전전의 주거 상황에 대해서 각 도시의 조사 내용을 요약하
면 대체로 〈표 49〉가 제시하는 바와 같다.

우선 거주하고 있는 가옥과의 관계에 대해서 보면 내 집은 각 도시
모두 5% 이하이고, 집을 빌린 세대가 약 50~60%이며, 방을 빌린 세대
가 약 40%이다. 이 점에서 가장 상세한 교토의 조사를 보면, 내 집
1.6%, 빌린 집 54%, 빌린 방 26.8%, 하숙 13.3%, 함바 4.1%, 기타
0.2%의 비율이다. 여기서 내 집의 정체는 주로 자기가 만든 바라크나
오두막 종류로, 고베시의 조사는 "그것들은 단지 이름만 내 집일 뿐 바
라크, 임시 오두막류의 누추한 집에 불과하고 일반 가옥은 겨우 한 채를
헤아릴 뿐"이라고 서술하고 있다. 빌린 집이라고 해도 주로 바라크나 나
가야, 오두막집을 빌린 것이고, 빌린 방의 대부분은 이른바 '노동하숙집'
의 하숙방이다. 조선인의 빌린 집 가운데 임차료가 없는 경우가 적잖이
있는 것은 그 하나의 반증이며, 비와 이슬을 피할 정도의 오두막집 등이
그에 속한다. 교토시의 조사에 따르면, 조선인 거주 가옥 중 도로변의

---

31) 앞의 책『在神半島民族の現状』.

<표 49> 전전의 재일조선인 주거 상황

주거 항목		교토	오사카	고베
1) 소유관계				
내 집		1.6%	3.2%	4.5%
빌린 집		54.0%	57.3%	66.8%
빌린 방		44.4%	39.5%	28.7%
2) 세대와 방 수				
1세대당 방 수(室數)		1.46실	1.80실	−
	내 집	1.14실	1세대 1실 50.2%	1세대 1실 62.4%
	빌린 집	1.47실	1세대 2실 31.2%	1세대 2실 21.2%
1실당 세대인원		2.57인	2.39인	−
3) 세대와 다다미 수				
1세대 다다미 수		5.62조	6.52조	5.38조
1인당 다다미 수		1.5조	1.52조	1.28조
1실당 다다미 수		3.85조	3.63조	−

집이 총수의 21.3%에 불과하고, 나머지는 안쪽의 볕이 들지 않는 장소에 있다. 마찬가지로 단독주택이 22.3%이고, 77.3%는 나가야 형태이다. 더욱이 높이가 5척(1척=30.3㎝ − 옮긴이) 이하의 가옥이 조선인 주거의 60%를 차지하고 있다. 이것으로도 조선인 거주 가옥이 어떤 성질의 것인지를 이해할 수 있다.

　방 수에 대해 보면 1세대당 방 수는 교토 1.46실, 오사카 1.8실이며, 각 도시 모두 1실 세대가 거주 총세대의 50~60%, 2실 세대가 20~30%로 2실 이하 세대가 총수의 80~90%를 차지한다. 1930년 일본의 국세조사에 의하면 1세대당 평균 방 수는 3.72실이다. 따라서 이것을 만일 일본인 일반의 주거수준이라고 한다면 재일조선인은 세대당 방 수에서 보더라도 일본인의 절반에도 미치지 못한다. 1실당 세대인원은 약 2.5인이지만, 이것은 1실당 다다미 수와 비교해서 고려해야 한다. 다다미 수를 보면 1세대당 다다미 수는 교토가 5.62조, 오사카 6.52조, 고베 5.38조이다. 그러나 이것은 평균 수치이며 어느 도시나 세대당 다다미 수 3조가 가장 다수를 차지하고 있다. 세대원 1인당 다다미 수는 교토, 오사카 모두 1.5조이며 고베는 1.28조이다. 1실당 다다미 수는 교토가 3.85조, 오사카가 3.63조이다. 따라서 조선인 거주의 1실이라는 것이 일본인의 생활양식에서의 1실과는 근본적으로 그 내용이 다름을 이해할 수 있을 것이다. 교토시의 조사에서 1호(戶)당 거주 세대를 보면 1세대가 57.8%, 2세대가 27.1%, 3세대가 7.8%이다. 또한 빌린 방에서 거주하는 세대는 1실 1세대가 76.7%, 2실 1세대가 8.6%, 1실 2세대가 4.9%이다.

이상의 주거 내용의 계수는 평균치이므로 재일조선인 대부분의 주거 내용은 이 표가 제시하는 것보다 더 열악했다. 이런 주거 내용에서 집세를 교토의 사례에서 보면 다음과 같다. 즉, 1호(戶)당 8.35엔, 1실당 3.35엔, 1조(疊)당 0.87엔, 1세대당 4.81엔, 1인당 1.29엔이다.

따라서 〈표 43〉~〈표 45〉에서와 같이 세대자 주거비 5~7엔, 독신자 2~3엔으로 얻을 수 있는 주거란 이상과 같은 내용의 것이며, 반대로 이런 내용의 주거이기 때문에 그 정도의 주거비 지출로 끝난 것이다. 이에 대해 고베시의 조사는 "가난한 사람일수록 고율의 집세 부담을 강요당하는 경향이 있음은 이미 만인이 주지하는 바, 요즘 10엔의 집세로 도대체 어떤 집을 빌릴 수 있을까. 그들의 경제 생활이 이처럼 누추한 집에 살지 않으면 안 될 숙명인 것처럼 못 박혀 있는 것을 볼 때, 우리들은 이 처참한 분위기에 꿈틀대는 그들에 대해 한줌의 눈물을 쏟지 않을 수 없다. 이 10엔 정도의 작은 가옥에 60%가 5인에서 10인이라는 대가족을 떠맡고 있는 것이다. 10엔 정도의 가옥이 5인에서 10인의 가족을 수용하기에 너무 작은 것은 오늘날 시작된 드문 일이 아니다. 큰 가옥을 빌릴 수 없는 경제적 궁핍과 집을 구하기 어려운 막다른 지경에 몰린 처지 때문"이라고 서술하고 있다. 극단적인 예를 들면 오사카시의 조선인 밀집 지구의 하나인 이카이노(猪飼野) 고쿠부초(國分町)에서는 본래 닭장이었던 3조 크기의 방세가 월 10엔이었다.

이와 같이 전전의 조선인 주거 상황은 "대개 불량 주택 지구의 상황보다 더 열악하고, 참으로 사람이 살만한 가옥으로 여겨지지 않는 경우조차 종종 발견되는" 것이었다. 불량 주택 지구 내에서도 조선인이 입주한 가옥은 최악의 것이었으며, 도시 주변에 형성된 조선인 마을이라는 것은 슬럼과 비교해도 한층 더 열악했다. 조선인이 지닌 생활 조건과 거기서 파생된 주거 조건은 슬럼계층의 일본인보다도 더 나쁘므로 이것은 당연한 결과이다. 따라서 전전의 조선인 주거는 일본에 있는 조선인의 빈곤을 가장 잘 웅변해주는 것이며, 그러한 의미에서 "인간 생활의 최저 기준을 생각하게 만드는" 재일조선인 생활의 상징이다. '진흙과 짚'의 허물어진 집에서 주린 배와 비운을 한탄하는 것이 일본의 식민지화로 파산한 조선 농민의 상징이었다고 한다면, 닭장 속에서 보내는 돼지와 같은 생활이 재일조선인의 상징이기도 했다. 파산한 조선 농민은 일본으로 건너와서도 반봉건적, 식민지 자본주의의 질곡 아래서 노예 같은 처지로부터 마침내 탈출할 수 없었던 것이다. 참으로 일본에 건너와서 "잡은 것은 허공이요, 는 것은 이(虱)와 때뿐이다."

전전의 재일조선인 주거 상태는 전후가 되어도 그 기본적 형태는 거의 변함이 없다. 이제 그 추이를 예를 들어 서술하면 다음과 같다.

첫째, 자영업자 및 기업주와 그 근친자의 수는 전전과 비교해서 그 절대 수나 인구 비율에서도 증가했다. 그들의 주거는 전후 현저하게 개선되어 조선인 거주 밀집 지역을 떠났다.

둘째, 전후 혼란기 한때 축재했으나 그 후 사업을 이루지 못하고 결국 실업 빈곤화한 사람 중에도 일부는 축재 시의 잔재로서 주거가 남는 등으로 인해 개선되었다. 그 대부분은 자영업자와 마찬가지로 밀집 지역으로부터 분산 거주하게 된 것이다.

셋째, 전후의 귀환과 혼란기를 통해서 일반적으로 밀집 지역에서 분산하는 경향이 강화되었다. 전시 중의 산업노동 동원과 전쟁재해가 그 큰 원인이다. 분산화는 일본의 패전과 조선으로의 대량 귀환, 전후 혼란으로 촉진되었다.

넷째, 그러나 전후 주거가 개선된 것은 약 30% 이하이고, 나머지 사람들은 전전과 같은 주거 상태에 있다. 전후 주택 사정이 일반적으로 악화되고, 나아가 조선인의 생활 조건이 핍박되면서 오히려 더 열악해졌다. 오늘날 조선인 주거 상태의 악화가 그다지 두드러지지 않는 것은 전후 도시의 일본인 일반의 주거 상태가 참상을 드러냈고, 그 후에도 특히 빈곤자 일반층의 주거가 여전히 개선되지 않았기 때문이다. 게다가 전후 이래로 조선인의 신규 도래자가 자취를 감추었기 때문이다.

4) 세대(世帶)

제1회 국세조사가 실시된 1920년부터 오늘날에 이르기까지 재일조선인의 남녀별 조사 결과를 10년마다 살펴보면 〈표 50〉과 같다.

〈표 50〉 재일조선인 연대별 남녀 인구 구성

연대	총인구	실수		비율	
		남	여	남	여
1920	40,755명	36,043명	4,712명	89%	11%
1930	419,009	297,501	121,508	71	29
1940	1,241,315	744,296	497,019	60	40
1952	535,766	302,235	233,531	56	44

1952년도는 篠崎平治, 앞의 책의 통계, 다른 연도는 국세조사에 의함

즉, 조선인의 일본 도항이 시원적으로 시작된 직후인 1920년의 남녀 인구의 비율은 남자 89%, 여자 11%이다. 그 후 본격적인 일본으로의 도항이 이어진 1930년에는 남자 71%, 여자 29%로 변했다. 여자 인구의 도항은 단신 도항자가 정착하고 나서 고향에 남은 처자를 불러들인 결과인데, 1926년경부터는 가족 전체의 도항이 수적으로 많다. 1940년의 남녀별 구성은 남자 60%에 대해 여자 40%의 비율이다. 상당히 평균화되었으나 이 계수는 전국 평균으로, 광산이나 공사작업장 등에 있는 단신 도항자의 집단 인원을 제외하고 고려한다면 그 차이는 더 적어진다. 예를 들면 대도시 거주 조선인의 남녀 비율은 이 표의 1940년도 수치보다도 더 평균화되었다. 1935년 이전에 이미 대도시 거주 조선인의 남녀별 구성은 각 도시 조사에서는 다음과 같이 나타났다.

교　토 : 조사 총수 26,550명, 남 14,592명(55%), 여 11,958명(45%)
오사카 : 조사 총수 43,786명, 남 22,910명(52%), 여 20,872명(48%)
고　베 : 조사 총수 16,425명, 남 8,435명(51%), 여 7,990명(49%)

따라서 1926년경부터 광산이나 토건공사장 노무 응모자로서 단신으로 건너온 경우를 제외한 일반인은 가족을 데리고 도항했으며, 여성 인구의 증가는 주로 이에 따른 것임을 이해할 수 있다. 전후 1952년도에는 남녀 간 비율은 남자 56%에 대해 여자 44%이다. 실수에서 남자 302,235명, 여자 233,531명으로 남자가 약 7만 명 정도 많다. 원래 조선인 인구 총수에서는 남자가 많으나, 전후 재일조선인 남녀 수의 실제는 그 차이가 그렇게 벌어져 있지 않다. 즉, 준조선인의 여자 수를 더해서 고려한다면 전후 11년째인 현재 재일조선인의 남녀 인구수의 차이는 거의 사라졌다고 해도 좋다.

〈표 51〉 재일조선인 연대별 남녀 유업률 (有業率)

연대	남			여		
	총수	유업자 수	비율	총수	유업자 수	비율
1920	36,043명	34,115명	94%	4,712명	2,540명	54%
1930	297,501	242,073	82	121,508	23,894	20
1940	744,296	470,405	63	497,019	52,888	11
1952	302,235	189,853	63	233,531	45,752	20

〈표 51〉은 각 연대별, 남녀별 유업률을 나타낸 것이다. 여기서 유업자 수는 남녀 각 인구수에서 종속자와 학생 수를 뺀 것이다. 남자의 유업률은 가족 종속자의 증가와 함께 감소하고 있는 것이 당연하나, 여자의 유업률은 여러 모로 변화하고 있다. 1920년도의 여자 유업률 54%는 일본의 방적공장에 응모해서 도항해온 여공 때문이다. 즉, 같은 해의 여자 유업자 총수 2,540명 중 1,870명이 섬유공업 종사자이다. 따라서 만일 이것을 제외한다면 유업자 합계는 겨우 670명이며 유업률은 15%가 된다. 1930년에도 여자 유업자 23,894명 중 섬유공업이 10,529명으로 절반 정도를 차지하며, 다음으로는 창기작부(娼妓酌婦) 등의 2,419명과 가사 사용인 1,438명이 주요한 것이며, 나머지는 조선인 여자 직업으로서는 볼만한 것이 없다. 1930년에는 가족 종속자가 늘어나서 여자 유업률도 20%로 낮아졌다. 1940년도에 가면 여자 유업률은 다시 내려가 11% 미만이었다. 재일조선인의 여자 유업률은 일본인 여자에 비해서 매우 낮다. 이것은 조선인 남자 노동이 갖는 전시대적 농민 노동성이 여자의 경우에는 보다 더 강하기 때문이다. 언어도 그렇고 교육도 그렇고, 근대적 산업노동에의 적응성 또한 그러하다. 그렇다고 해서 그녀들이 종속자로서 가사에만 전념하고 있었던 것은 아니다. 세대가 제2종적 직업으로 입에 풀칠하고 있을 때에는 일에 따라서는 전업 공동 노동자로 일하

지 않으면 안 되었고, 생활의 궁핍은 오히려 세대 주부 측에 영향을 미쳐서 이중, 삼중의 노동으로 내몰렸던 것이다. 전후에도 여자의 유업률은 1930년도와 마찬가지로 20%에 불과하다. 전후가 되어 젊은 세대(世代)의 출생과 성장, 일본 거주 연월의 경과와 더불어 조선인 여자의 직업 능력은 전전과는 현격한 차이가 있으나, 조선인 남자와 마찬가지로 또는 그 이상으로 철저하게 일본 사회에서는 조선인 여자에게 정당한 직업이 주어지지 않았다.

다음으로 세대 구성에서 또 하나의 조건인 연령 구성을 남녀별로 살펴보면 〈표 52〉와 같다.

즉, 남자 노동연령 중심의 인구 구성으로서 1920년도는 극단적이다.

〈표 52〉 재일조선인 연대별, 연령별 남녀 수

연령 구분 (세)	1920		1930		1940		1950	
	남	여	남	여	남	여	남	여
0~4	536	494	25,320	24,559	114,180	110,467	40,848	37,817
5~9	428	347	12,652	11,479	76,098	72,653	33,095	32,200
10~14	1,092	583	11,928	8,593	51,721	43,295	26,626	25,881
15~19	5,313	876	37,836	17,202	78,425	54,810	20,187	18,710
20~24	11,545	917	62,208	19,555	99,419	54,395	19,404	15,657
25~29	8,357	593	53,404	13,699	95,976	48,911	27,118	17,239
30~34	4,997	450	43,639	11,225	78,359	35,488	24,039	13,282
35~39	2,105	187	25,343	5,886	56,812	22,720	21,368	12,137
40~44	1,048	107	15,097	3,470	43,707	17,822	18,078	9,230
45~49	383	65	5,500	1,633	22,356	10,165	13,547	6,318
50~54	160	32	2,487	1,309	13,536	8,453	10,246	4,398
55~59	49	27	1,011	1,036	5,864	5,924	5,383	2,526
60 이상	30	34	1,076	1,862	7,843	11,916	4,468	4,475
합계	36,043	4,712	297,501	121,508	744,296	497,019	264,407	199,870

1940년도 수치는 내각통계국 소장 조사 원표로부터 필자가 집계한 것

15~39세 연령의 남자 인구가 남자 총인구의 90%이며, 1920년도 인구 총수의 실로 80%이다. 1930년도의 성별 연령 구성은 남자 노동연령 중심이기는 하나 1920년도 정도는 아니다. 마찬가지로 15~44세 연령의 인구가 남자 인구의 80%이고, 인구 총수의 57%이다. 1920년도에 비해 1930년도의 연령별 구성은 두 가지 측면에서 변화가 있었다. 하나는 여자의 증가이며, 다른 하나는 여자 증가의 결과인 유아 수의 증가이다. 1940년도의 연령 구성은 종래의 남자 노동연령 중심의 인구 구성이 갖는 치우침에 대한 이런 종류의 수정이 더 진행되었다. 즉, 15~44세 연령 남자 인구수가 남자 총수에서 차지하는 비율은 71%이며, 인구 총수와의 대비에서는 36%에 불과하다. 같은 해의 여자 인구는 남자 6에 대해 4의 비율이나, 1930년도와 같은 노동연령 중심의 분포는 이미 보이지 않고, 여자 연령별 인구수는 정상적인 서열을 보여주고 있다.

전후인 1950년은 마찬가지로 국세조사의 인구수이나, 총 인구수 464,277명으로 같은 해 9월 현재 외국인 등록 인구인 542,070명과는 약 8만 명의 차이가 있다. 여기서도 다시 완화된 형태이기는 하나 연령별 구성에서 노동연령 중심의 치우침이 보인다. 1945년 이후는 일본 도항이 두절되었으므로 여기서의 치우침은 과거의 영향에 따른 것이다. 이런 치우침의 결과로서 1950년도의 연령 구성은 크게 나누어 둘로 구분될 수 있다. 하나는 0세부터 24세까지의 것이고, 다른 하나는 25세 이상의 계층의 것이다. 즉, 1950년도의 0~24세는 주로 재일조선인 제2세들이며 25세 이상은 주로 도래자로 구성된다. 그리고 1950년도의 연령별 인구 서열에서 골짜기를 이루고 있는 것은 20~24세인데, 이들은 1940년에도 10~14세의 연령층으로서 마찬가지로 연령별 인구 서열에서 단층(斷層)을 형성하고 있다. 이 연령의 사람은 1926~1930년 사이 조선인의 도래가 격렬했던 바로 그 시기의 출생자이다. 따라서 이 계층

보다 하나 위인 25~29세 계층의 사람은 1940년에 15~19세 연령자이며, 노동인구로서 그 사이에 일본으로 건너온 사람이다. 앞으로 조선인의 일본 도래가 전혀 없다고 한다면 연령 구성에서의 이 단층은 1960년에는 30~34세이고, 1970년에는 40~44세로 나타난다.

이제 전전의 재일조선인 연령별 구성의 전형으로서 1930년과 전후 1950년의 연령별 구성을 그래프로 나타내면 〈표 53〉과 같다.

〈표 53〉 1930년과 1950년의 재일조선인 인구 연령별 구성

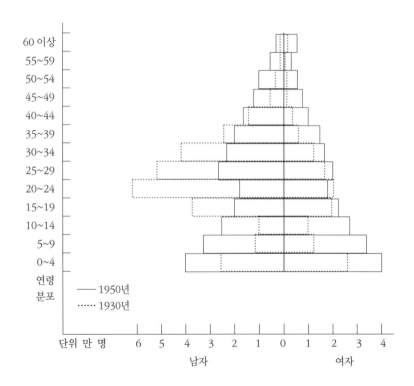

점선은 1930년도의 연령별 구성을 나타낸 것인데, 이것은 남자 노동 연령 인구로 치우친 초기 이민형 성별 연령 구성이다. 실선은 1950년의 정착형 성별 연령 구성이다. 그래프에 나타난 양 연도의 형태를 간단히 말하면, 1930년의 구성은 15~44세의 남자 인구를 중심으로 해서 상하 양쪽에 노년 인구와 연소자 인구가 조금씩 분포한 전형적인 초기 이민형이나, 단 0~4세 인구에서 일본에서 출생한 유아를 함께 포함한 형태이다. 1950년의 구성은 0~24세 사이의 제2세 인구와 25세 이상의 도래 인구가 각각 이중의 구성을 나타내는 형태로, 2세의 정착자로서의 출생과 성장, 도래자의 자연적 소모가 명시되어 있다.

이상에서 각 연대별로 남녀별 비율이나 연령 구성 등 세대 구성의 기본적 조건을 밝혔다. 더 나아가 세대 구성 그 자체에 대해 살펴보면 다음과 같다. 재일조선인의 세대 구성은 각 연대에 따라 다르며, 도래 인구의 일본 정착과 더불어 점차 정주 인구 구성으로 이행해왔다. 그러나 아직 부부와 자녀로 구성되는 단순 세대의 영역을 벗어나지 않고 있다. 재일조선인의 세대 구성을 1930년부터 1935년까지 각 도시의 조사에서 보면 〈표 54〉의 교토, 오사카, 고베의 수치와 같다. 이 표의 도호쿠 소도시는 1956년에 필자가 조사한 것이다.

전전의 세대 구성은 세대원 수 3인 세대가 교토에서는 총 세대의 18.2%를 차지하고, 오사카에서는 24.4%, 고베에서는 23.9%를 차지해서 가장 많다. 1세대당 평균 세대원 수는 교토가 3.57인, 오사카가 4.3인, 고베가 4.2인이다. 여기서 1인 세대란 세대주이면서 독신인 자를 가리키며 이것이 미혼자 총수를 가리키는 것은 아니다. 전후의 세대수는 시노자키(篠崎)에 따르면[32] 1952년 12월 말 현재의 외국인 등록 인구 53

---

32) 篠崎平治, 「在日朝鮮人の生活実態」, 『警察時報』 第8巻 6号 (1953).

<표 54> 재일조선인 세대원 수별 세대 비율

세대원 수	교토	오사카	고베	도호쿠 소도시
1 인	21.8%	1.8%	0.9%	7.5%
2	12.2	18.9	16.0	7.5
3	18.2	24.4	23.9	7.5
4	17.0	20.0	21.7	27.5
5	13.0	13.9	16.2	32.5
6	9.0	8.0	10.8	7.5
7	4.7	4.8	5.5	10.0
8	2.3	2.7	3.1	−
9	0.8	1.7	1.3	−
10	0.5	1.1	0.4	−
10인 이상	0.5	2.7	0.2	−
세대당 평균 인원	3.57인	4.30인	4.20인	4.50인
조사 세대	7,422세대	11,835세대	3,921세대	41세대
조사 인원	26,550명	50,896명	16,425명	184명

도호쿠 소도시는 앞에 든 실태 조사의 계수

만 5천여 명에서 14만여 세대이며, 1세대당 인원은 평균 3.8인이다. 또한 세대주 중 3만 2천 명이 독신 세대이다. 이것은 외국인 등록으로부터 집계한 통계라고 생각되는데, 이 등록통계는 세대원 중에서 준조선인이 빠져 있어서 실제의 혼인과 세대원 수를 정확하게 반영하고 있지 않다. 전술한 도호쿠지방 소도시의 41세대에 대한 필자의 조사 결과에서 보면, 1세대당 세대원 수는 4.5인이며, 단신 세대수 5인 중 2인은 남편 또는 처의 사별자이고, 3인이 미혼자이다.

평균 세대인원의 구체적인 가족 구성을 보면 다음과 같다. 여기서는 전전의 것으로서 오사카시의 조사 결과를 전후의 도호쿠 소도시의 것과 비교해서 보기로 하자.

세대관계	오사카시	도호쿠 소도시
	조사 인구 총수에서 차지하는 비율	조사 인구 총수에서 차지하는 비율
세대주	23.3%	22%
배우자	20.8	20
자식	34.7	56
형제자매 부모 기타 동거자	3.0 2.2 2.0 14.0	2

　전전의 오사카시의 경우 부모와 형제가 차지하는 비율은 세대원 총수의 5%에 불과하며, 가족 구성으로서는 압도적으로 부부와 자식의 단순세대이다. 이것은 교토시에서도 마찬가지로 세대주가 7,422명이고 부모는 675명, 형제는 674명이다. 전후의 도호쿠지방의 사례에서도 이와 같으며, 이런 작은 사례만으로는 유추할 수 없으나 이 경향은 전국적으로도 한층 강화되었으리라고 생각된다. 따라서 가족 구성에서 전전과 전후를 비교해, 전후에 평균 세대인원이 늘고 있는 것은 자녀 수가 증가한 것에 따른다. 더욱이 전후의 가족 구성에서 놓쳐서는 안 될 것은 일본인 처를 얻은 세대는 일본인 처에 딸린 식구가 있는 경우가 많다는 점이다. 도호쿠 소도시의 조사에서도 이런 사례는 다수 보이지만 세대원 수에서 그것을 제외했다. 따라서 재일조선인의 세대원은 오늘날 남녀별 및 연령별 각 구성이 정착형으로 변화하는 경향과 시간적 경과에 따른 자녀의 증가, 딸린 식구로 전전보다 훨씬 더 증가하고 있으며, 그 실질적 내용은 도호쿠지방 소도시의 평균 세대원 수 4.5인보다 약간 더 많다고 생각된다. 더욱이 거주 인구의 나이가 젊어지면서 세대원은 점점 더 증가하는 경향이라고 할 수 있다.

5) 교육

전전의 재일조선인 세대원 수는 평균 4인이었고, 전후에는 5인 가까이 되었다. 더욱이 단순 세대로 주로 부모와 자녀로 이루어져 있다. 따라서 재일조선인은 전전에는 1세대에 평균 2인 정도의 자녀를 두었고, 전후에는 평균 3인 가까이 자녀를 두고 있다. 그러므로 자녀 교육의 문제는 전전과 전후를 불문하고 재일조선인의 생활에서 큰 문제이다.

우선 전전의 교육 상황에 대해 살펴보자. 일본 통치하 조선에서 초등교육은 의무교육이 아니었으며, 농촌에서는 어느 정도 부유한 가정의 자녀만이 정식의 초등교육을 받을 수 있었다. 따라서 빈농 자녀의 취학은 매우 저조하고 오히려 예외적인 일에 속했다. 이것은 재일조선인 세대주 연령층의 교육 정도 조사가 입증하는 바이나, 그 후의 총독부 통치 시대를 통해서 빈농층 자녀의 취학 상태는 조선의 교육통계 총수가 나타내는 정도로는 개선되지 않았다. 일본의 의무교육제는 조선인 자녀에게는 적용되지 않았으며, 일본에 건너온 조선인의 생활 상태가 적어도 도항 전에 비해 좋아지지 않아 재일조선인 자녀의 취학 상황은 조선에서와 마찬가지로 매우 나쁘다. 이런 높은 비율의 미취학 상태가 개선된 것은 재일조선인의 취업 상태가 겨우 호전된 1940년경부터이다. 전전의 재일조선인 자녀의 취학 상태를 국세조사와 그 밖의 조사 결과로부터 개괄하면 〈표 55〉와 같다.

1930년도는 국세조사의 수치에 의한 추계인데 학령아동 수는 만 5~9세 연령 인구에서 그 3분의 1을 뺀 나머지에 10~14세 연령 인구를 가산해서 산출한 것이다. 이렇게 해서 얻은 계산에 따르면 1930년의 취학률은 남자 71%, 여자 36%이다. 1930년의 취학자 수 중에는 소학교 이상의 학생 수도 포함되어 있으므로 실제의 취학률은 그 이하이다. 1940년

〈표 55〉 전전의 재일조선인 취학 상황

시 기		학령아동 수		취학자 수	취학률
1930년	남	7~14세	20,363명	14,467명	71%
	여		12,419	4,507	36
1940년	남	6~13세	98,596	82,831	84
	여		91,157	65,354	72
교 토 시 (1935년)	남	7~17세	2,514	1,801	72
	여		2,235	843	38
오사카시 (1932년)	남녀	7~17세	7,225	3,437	48
고 베 시 (1935년)	남	6~15세	1,831	1,211	66
	여		1,629	674	41

국세조사 및 각 도시의 조선인 조사에 의거해 작성

도 마찬가지로 국세조사의 결과에 의한 추계이나, 이것은 소학교 아동에 관한 취학률이다. 남자가 84%, 여자가 72%이며, 특히 여자의 취학 상태는 1930년에 비해 현격하게 개선되었다. 이것은 자녀의 교육에 대한 세대주의 자각과 더불어 세대주의 취업 상태가 호전된 것에 기인한다. 같은 해의 중학생 이상의 취학 상황을 보면, 14~19세 남자 인구 89,239명에 대해 중학 이상의 남자 학생 수는 23,677명이며, 취학률은 26%이다. 마찬가지로 여자는 62,207명에 대해 중학 이상의 재학자 수는 2,684명이고, 취학률은 4.3%에 불과하다. 더욱이 중학 이상 재학 중인 학생, 특히 전문학교 이상의 학생은 주로 조선에서 온 유학생이며, 재일조선인의 자녀가 아니다.[33]

다음으로 전후의 취학 상태에 대해 살펴보자. 조국과 조선인 자신의 일본 지배로부터의 해방은 패전 민주화의 일본에서 조선인의 정치적 문

---

33) 내무성 조사에 따르면 1942년 일본에 있는 조선인 학생은 소학교 178,451명, 중학교 22,044명, 전문학교 이상 7,625명이다.

화적 자각과 의욕을 급속히 촉진했다. 교육 면 또한 그러하여 전후 재일
조선인의 자녀 교육에 대한 자각과 관심은 매우 높아졌다. 전후 일찍이
자연발생적으로 생겨난 국어강습회가 1948년 4월까지 다음과 같이 수
많은 자주적 학교로까지 발전한 것은 그 한 증거이다.[34]

	학교 수	학생 수	교원 수
초등학교	566	53,000	1,200
중등학교	7	3,300	120
청년학원	33	1,800	140

　그러나 전후 고양된 재일조선인의 교육에 대한 이런 의욕은 그대로
일본 사회에서 결실을 볼 수 없었다. 그 구체적 원인은 조선인의 자주적
교육운동에 대한 일본 정부의 압박이며, 근본적으로는 재일조선인의 생
활 상태의 변화이다.[35] 그럼에도 오늘날 자녀 교육에 대한 재일조선인
일반의 인식 또는 자각은 전전과는 비교가 되지 않을 정도로 달라졌다.
그렇기 때문에 경제 상태는 일반적으로는 전전보다 오히려 더 악화되었
다고 해도 좋을 상태임에도 불구하고 재일조선인 자녀의 취학 상태는
전시 중보다 더 좋아졌다.
　그 구체적인 일례를 가나가와현(神奈川県) 조선인학교 PTA(Parent-
Teacher Association)가 조사한 바에 의하면 다음과 같다.[36]

---

34) 李東準, 앞의 책 『日本にいる朝鮮の子ども』.
35) 조선인의 자주적인 교육 운동과 그에 대한 일본 정부의 탄압 정책의 실상에 대해서는
　　李東準, 위의 책 참조.
36) 李東準, 위의 책에서 인용.

	가나가와현 거주 취학연령 인구수	취학자 수	취학률
소학교	2,850명	2,500명	88%
중학교	1,280	750	58
고등학교	840	80	9.5
합계	4,970	3,330	

즉, 취학률은 소학교 88%, 중학교 58%, 고등학교 9.5%이다. 이것을 1940년의 소학교 남녀 평균 취학률 78%, 중학 이상 취학률 26%와 비교하면 큰 차이다.

다음으로 전국적인 상황에 대해 살펴보기로 하자. 〈표 56〉이 그것이다. 이 표에 의하면 소학교 취학률은 92%이고, 중학교 취학률은 43%이다. 따라서 전국 평균 취학률은 가나가와현의 그것보다도 양호한 상태이다. 그러나 실제로는 그렇지 않다. 즉, 이 표의 7~20세 연령 조선인 인구는 1952년 10월 현재 179,398명이며, 취학자 수는 130,140명이다. 따라서 7~20세 조선인 수의 73%가 취학하고 있다. 이것에 대해 다음과 같은 사정도 함께 고려해야 한다. 즉, 〈표 56〉의 취학자 수 중에는 공립 소·중학교에 재학하고 있는 외국인으로서 조선인이 아닌 자도 들어 있다. 그러나 그 수는 무시해도 좋을 정도로 극히 소수이다.

이에 반해 이 취학자 수 속에는 당연히 넣어야 할 다음의 학생 수가 들어가 있지 않다. 곧 첫째 공립도 조선인 자주학교도 아닌 사립 소학교에 다니고 있는 조선인 아동 수, 둘째 이것과 같은 의미의 사립 중학교 재학생 수, 셋째 같은 사립 고등학교 학생 수와 공립 고등학교 학생 수, 넷째 대학생의 일부 수가 그것이다. 따라서 7~20세의 취학자 수는 이 표에 있는 것보다 훨씬 증가한다. 취학률도 보다 높아져 필시 80% 가까이 될 것이다. 그러면 7~20세 재일조선인의 80%가 취학자인 셈인데 이

〈표 56〉 전후의 재일조선인 취학 상황

연령 인구수		학교별	취학자 인원	취학률	공립학교		조선인 자주학교	
					재학자	비율	재학자	비율
7~13세	109,693명	소학교	100,635명	92%	86,491명	86%	14,144명	14%
14~20	69,705	중학교	28,935	43	26,021	90	2,914	10
		고등학교	570	-	?	-	570	-

연령 인구수는 1952년 10월 현재
취학자 인원은 1953년 현재(공립학교 재학자 수는 조선인 이외의 외국인 수를 포함)
고등학교 재학 인원에 공립학교 재학자 수는 미포함
자주학교 재학자는 1952년 4월 현재

런 일은 절대로 생각할 수 없다. 따라서 전국적인 평균 취학률은 실제로는 이 표가 제시하는 것보다 낮은 것이다. 그렇다면 왜 이런 일이 일어나는가. 공립학교 재학 조선인 학생 수에 관한 문부성 조사에 오류가 없다면 이것은 준조선인 학생의 존재 때문이라고 생각된다. 즉, 일본인 처의 자녀나 일본인 처와의 사이에서 태어난 자녀는 외국인 등록에 등록되지 않는 경우가 많다. 그러나 이 아동들은 귀화했기 때문에 이미 외국인 등록 인구에서 말소된 아동과 함께 문부성 조사에서는 조선인 학생 수 속에 포함된다. 그러나 이 준조선인 아동의 정확한 수는 파악하기 어렵다. 그러므로 전후의 실제 재일조선인 아동의 취학률은 〈표 56〉이 제시하는 것보다 얼마간 밑도는 정도라고 간주해도 좋다.

그러나 그렇다고 해도 재일조선인 아동의 취학률은 전전과 비교해서 현격한 차이가 있다. 특히 생활 상태의 악화를 고려한다면 더더욱 이런 느낌이 강하게 든다. 필자의 도호쿠지방 소도시 조사에서도 이 점은 마찬가지로, 소학교 취학연령 아동 중에서 미취학자를 발견할 수 없었다. 어떤 빈곤자라도 학령아동은 취학해야 한다고 인식되었다. 그러나 이는 초등교육에 한정된다. 중학교 진학은 빈곤 세대에서는 거의 볼 수 없다.

그러므로 자녀를 중학교 이상으로 취학시키는 세대는 재일조선인 중 자영업자, 기업주 및 그 근친자, 공무자유업의 일부 등 한정된 층뿐이다. 자녀의 초등교육 이상의 취학 상황은 재일조선인의 60% 이상을 차지하는 실업 빈곤자 세대에게는 전전과 조금도 다르지 않다.

다음으로 취학 내용에 대해 검토해 보기로 하자. 소학교 취학자 100,635명 중 일본의 공립학교에 다니는 자는 86,049명으로 전체의 86%를 차지한다. 나머지 14,144명인 14%가 조선인의 자주학교에 다니고 있다. 중학교는 총수 28,935명 중 공립학교 재학자 수는 그 90%인 26,021명이며, 자주학교 재학자 수는 2,914명인 10%이다. 따라서 소학생의 86%와 중학생의 90%가 이른바 '일본 학교'를 다니고 있으나, 말할 것도 없이 공립학교에서는 조선인 학생을 위한 특수교육[37]은 하고 있지 않다. 조선인 자주학교는 조선인총연합회 계통과 대한민국거류민단 계통으로 나누어져 있으나, 학교 수나 학생 수에서 전자가 압도적이다. 조선인 자주학교에서는 각각 자신의 계통에 따른 시스템 아래서 자주적인 교육이 실시되고 있다.

이리하여 현재 일본에 있는 조선인 학생에 대해 세 가지 다른 계통의 교육이 이루어지고 있다. 하나는 일본의 공립학교 또는 이에 준하는 교육이고, 또 하나는 총련계 교육이며, 나머지 하나는 민단계의 교육이다. 일본 학교에서는 조선어도 조선의 지리나 역사도 특별히 가르치지 않는

---

37) 일본의 공립학교에서도 일부에서는 민족교육이 행해지고 있다. 즉, ①방과 후에 민족학급에 참여하는 학생 수 4,500명, ②조선인만의 분립 분교 학생 3,200명, ③조선인만의 공립학교 950명의 학생은 민족교육을 받고 있다. 조선인만의 자주학교 학생 수는 총련계, 중립계, 민단계를 포함해 총 13,500명이다(이상, 1955년 5월 현재). 따라서 민족교육의 실시 상황은 공립학교 및 자주학교를 합산해서 1956년 4월 현재 학교 수 220교, 학생 25,000명, 교원 860명이다.(李珍奎編, 『在日朝鮮人教職員同盟東京本部パンフレット』에서 인용)

다. 그래서 일본 학교에서는 조선어도, 조선의 역사나 지리도 모르는 조선인 학생을 육성하고 있다. 더욱이 일본인적인 교육을 받은 조선인 학생에 대해 일본인 사회에서는 조선인이라서 취업을 허용하지 않는다. 결과적으로 극언한다면 조선인 사회에도 일본인 사회에도 그다지 도움이 되지 않는 교육이 진행되고 있다.

조선인 자주학교인 '조선학교'와 '한국학원'에서는 일본인 학교와는 반대로 민족교육이 실시되어 조선인 사회에 유용할만한 인재가 양성되고 있다. 단 총련계 학교에서는 "조선인민공화국의 충실한 자녀로 양성하는" 것이 교육의 기본 목표로 되어 있으며, 민단계 학교에서는 대한민국에 충실한 자녀로 키우는 것이 교육의 목표로 되어 있다. 같은 민족교육이면서 우선 조선어도 다른 조선어를 가르치고, 사회과의 내용은 정반대이며, 외국어도 한쪽은 러시아어를 존중하는 교육이라면 다른 쪽은 영어를 존중하는 교육이 이루어지고 있다. 한편에서는 북조선 공화국 치하에 준한 수업이 행해지고, 다른 편에서는 대한민국 치하에 준한 수업이 행해지고 있다. 그 결과 타파되어야 할 38도선이 어린 재일조선인 자녀의 머리에 새겨져 조장되고 있다. 흔히 말하듯이 "민족교육의 미명 아래 불필요할 정도로 정치적 편향이 지향되고, 재일조선인 자녀가 정치적 모험의 길로 끌려가고 있다"고 비난당해도 이것을 전면적으로 부정할 수 없는 실정이다. 오늘날 조선인 자주학교의 교육 내용은 재일조선인 청년들이 어느 쪽이건 그들이 담당해야 할 조국 통일과 진정한 독립과 재건의 과업에서 유용한 인재로 양성되어야 한다는 점을 결여하고 있지 않은지, 성실하고 실질적인 반성이 요망되는 바이다.

재일조선인 자녀에 대한 교육 내용의 현 상태는 교육 본래의 목적에서도, 또한 특히 그 학부형인 재일조선인 일반의 자녀에 대한 교육 의욕에 비해서도 만족할만한 상태가 아니다.

6) 범죄

재일조선인의 범죄는 일본에서 큰 사회 문제의 하나로 꼽힌다. 인구수에 비해서 높은 범죄율과 과도한 범죄 건수가 거론되는 것은 전후에 한정된 일은 아니다. 빈민굴이 범죄의 온상인 것처럼 말해지듯이 재일조선인이 모든 범죄의 막후인 것처럼 인식되고 있는 것은 이미 전전부터 일본 사회의 하나의 전통이다. 그러나 일반적으로도 그렇지만 그 이상으로 재일조선인의 범죄는 무엇보다도 생활의 빈곤함과 절박함의 한 표현에 불과하다. 고도의 범죄 건수에 대해 일본 사회로부터 비난이 집중하지만 그 범죄 하나하나는 재일조선인의 생활의 고통과 눈물의 역사이다. 따라서 높은 범죄율은 재일조선인 생활이 안고 있는 곤궁의 심각성을 이야기하는 것이다. 그런 의미에서 일반적 논리 이상으로 재일조선인의 범죄는 재일조선인 생활 상태의 함수이기도 하다.

전전의 재일조선인 범죄 상황을 다카하시 마사미(高橋正巳)의 노작에 의거해 보면 〈표 57〉과 같다. 이 표는 신입 수형자(受刑者) 수를 기초로 한 것으로서 범죄율은 일본인 인구수와 재일조선인 인구수 10만 명에 대한 범죄자 수를 나타낸 것이다. 이 표에 따르면 조선인의 일본 도항이 본격적으로 시작된 직후인 1920년에는 범죄율은 재일조선인 10만 명당 559명이라는 계산이고, 같은 해 일본인 10만 명당 51명과 비교하면 약 11배의 높은 비율이다. 1925년에는 10만 명당 346명으로, 같은 해 일본인 39명에 비해 9배의 범죄율이다. 1930년은 재일조선인 419,009명 중 신입 수형자가 형법범은 1,490명, 특별법범은 72명이고, 형법범의 범죄율은 10만 명당 355명으로 일본인의 10만 명당 38.7명에 비해 9.2배이다. 1935년은 일본인 47.6명에 대해 조선인은 216명으로 범죄율은 4.5배이고, 나아가 태평양전쟁 전년인 1940년의 범죄율은 일본인 35.3명

<표 57> 전전의 재일조선인 범죄율

연대	일본인				조선인				b/a
	실인원		범죄율 (인구 10만 명당 범죄자 수)		실인원		범죄율 (인구 10만 명당 범죄자 수)		
	형법범	특별법범	형법범(a)	특별법범	형법범	특별법범	형법범(b)	특별법범	
1920년	28,565명	—	51	—	228명	—	559	—	11.0
1925	23,253	—	39	—	647	—	346	—	9.0
1930	24,753	937	38.7	1.46	1,490	72	355	17.1	9.2
1935	32,584	1,025	47.6	1.50	1,799	83	216	10.0	4.5
1940	25,351	934	35.3	1.30	1,430	65	115	5.2	3.3
1944	29,976	5,851	41.7	8.15	2,722	1,324	142	69.3	3.4

1930~1944년의 계수는 高橋正巳, 「戦後に於ける外国人(特に朝鮮人)の犯罪」, 『法務資料』
第331号 (1954)에서 인용
1920~1925년의 계수는 高橋正巳, 「敗戦後の日本における朝鮮人の犯罪」, 『刑法雑誌』
第1巻 2号 (1950)에서 인용
범죄자 수는 신입 수형자의 수
범죄율 중 조선인의 1920년, 1925년, 1944년도는 이 책의 수정 인구로 산출하여 수정한 것

에 대해 조선인은 115명으로 일본인의 3.3배까지 내려왔다. 일본 패전
전년인 1944년에는 일본인 41.7명에 대해 조선인은 142명으로 범죄율
은 3.4배가 되었다.

1920년부터 1940년까지 20년간 조선인의 범죄율은 10만 명당 559
명에서 115명으로 약 5분의 1로 감소했다. 즉, 재일조선인 수는 1920년
에 40,755명이었던 것이 1940년에 1,241,315명으로 약 30배로 증가했
으나, 범죄자 실수는 1930년부터 1940년까지 거의 고정적이다. 따라서
인구당 범죄율은 그 사이에 격감한 것이다. 1920년부터 1940년 사이에
재일조선인의 범죄가 급격히 감소한 것은 1932년과 1938년이다. 전자
는 만주사변의 이듬해이고, 후자는 중일전쟁 발발 이듬해이다. 이것은
태평양전쟁 중 낮은 범죄율과 더불어 재일조선인의 범죄가 무엇보다도

취업 상황에 따라 좌우되는 것이며, 범죄의 감소는 취업 상황의 호전에서 유래하는 것임을 여실히 말해주는 것이다.

그러나 이 표의 재일조선인의 범죄율은 일반적인 것이 아니며, 따라서 일본인의 범죄율과는 그대로 비교할 수 없다. 다카하시의 조사에 의하면 1928~1937년의 10년간 평균 일본 전국의 제1심 유죄자의 87.3%와 신입 수형자의 88.2%는 18~50세 사이의 연령자이다. 지금 가령 20~49세를 범죄연령이라 하고 재일조선인에 대해서 보면 범죄연령 인구수가 인구 총수에서 차지하는 비율은 1920년이 85%, 1930년이 63%, 1940년이 48%이다. 따라서 동 범죄연령 인구가 대체로 38~40%를 차지하고 있는 일본인 인구의 범죄율과 재일조선인의 그것을 동일한 것으로서 비교할 수 없음은 물론이다. 더욱이 범죄율을 산출하는 기준인 인구의 질의 차이에서 다음의 점도 고려되어야 한다. 즉, 하나는 인구의 남녀별 구성이며 다른 하나는 직업별 구성이다. 전술한 다카하시 마사미의 조사에 따르면 1928~1937년의 10년간 평균 남녀별과 직업별 형법범에 관한 범죄율의 차이는 다음과 같다.

		농경 축산	일용인부	일정한 수입이 없는 무직자	전체 직업
범죄율 (인구 10만 명 당 범죄자 수)	남	95.2명	1,592.4명	8,021.8명	358.1명
	여	5.4	66.7	1,040.8	19.6

우선 첫째로 남녀별로 범죄율은 큰 차이가 있는데, 재일조선인 인구 중에서 여자 인구가 차지하는 비율은 1920년에 11%, 1930년에 29%, 1940년에 40%이다. 보다 큰 영향은 직업 구성이다. 농업 인구에서 범

죄율이 현격하게 적은 것은 위에서 보여주고 있는 대로이나, 일본인의 40~50%가 농업 인구였던 것에 반해 재일조선인의 농업 종사자는 인구 총수의 4~7%에 불과하다. 그리고 전전의 일본인 직업 인구에서 극히 적은 비중밖에 보이고 있지 않은 일용인부와 일정한 수입이 없는 무직자는 재일조선인의 대부분이 이에 속한다.

따라서 〈표 57〉의 재일조선인의 범죄율은 특수한 성질의 것이며, 일본인의 그것과는 동일선상에 놓고 논할 수 없다. 하물며 이것을 가지고 조선인이 일본인보다 더 인종적으로 범죄를 잘 저지르는 것처럼 말하는 것은 허용되어서는 안 될 일이다. 그렇다면 이런 인구가 갖는 특수성을 사상(捨象)하고 재일조선인의 범죄율을 측정한다고 하면 어떤 결과가 될까. 이 점에 대해서 다카하시 마사미는 1920~1945년 사이의 조선인 범죄를 면밀히 계산해서 그 결과 다음과 같이 서술하고 있다.[38] "이상으로 나는 다음과 같이 결론을 내린다. 조선인의 내지 이주가 시작된 다이쇼 초기부터 이번 전쟁 직전인 1940년에 이르기까지 약 30년을 통해 그 어느 해를 보더라도 조선인의 범죄는 같은 연령, 같은 체성(體性), 같은 직업, 같은 처지에 있는 일본인의 그것과 비교해서 조금이라도 높은 비율이었던 적이 없다."

이어서 재일조선인의 범죄 내용에 대해 보기로 하자. 1929년 1년간의 오사카부(府) 사례를 보면 〈표 58〉과 같다.

〈표 57〉이 수형자에 의한 통계인 데 반해 이것은 검거 인원에 의한 범죄자 수이다. 1929년 오사카부의 조선인 수는 67,936명이고, 검거 인원 합계는 3,299명이므로 인구 1,000명당 48.5명의 비율이다. 그리고 검거 죄종(罪種)은 그 30% 남짓이 도박이다. 도박이 죄종 중에서 1, 2위

---

38) 高橋正巳, 앞의 논문 「戦後に於ける外国人(特に朝鮮人)の犯罪」.

〈표 58〉 전전의 재일조선인 범죄 종목별표

범죄 종목	인원	비율
절도	1,608명	48.7%
도박	1,019	30.8
상해	352	10.7
사기	81	2.5
횡령	43	1.3
가택침입	37	1.1
장물	27	0.9
기타	94	2.8
특별법	39	1.2
합계	3,299	100.0

大阪市社会部労働課, 『朝鮮人労働者の近況』

를 차지하는 것은 전전의 재일조선인 범죄의 한 특징이다. 도박은 겨울이 긴 조선 농민의 전통적인 유희의 일종이며 실업 노동자의 습성이기도 하다. 그래서 조선인의 경우는 항상 경찰의 주시를 받아 도박이 곧바로 도박범으로 되기가 쉽다. 도박을 제외하고 절도가 죄종 중에서 압도적으로 수위를 차지하는 것도 조선인 범죄의 최대 특징이다. 〈표 58〉에서도 절도는 48.7%를 차지할 뿐만 아니라, 가령 도박을 범죄에서 제외한다면 검거자 총수의 70%를 차지할 정도이다. 절도가 빈곤에서 직접 기인하는 범죄임은 말할 필요도 없다. 다음으로 많은 것은 상해이며, 재일조선인의 특징적인 죄종 중 하나이다. 이것은 재일조선인의 농민적이고 근육노동적인 성격에서 유래한다. 재일조선인에게 폭행 상해의 범죄 건수가 많은 것을 교양이 없는 것으로 귀결시키는 언설이 많으나, 이것은 그렇게 간단한 문제가 아니라 재일조선인이라는 존재의 역사적, 구조적인 것에서 오는 문제이며, 나아가서는 학대를 당한 오랜 민족사를 지닌 조선인 일반의 식민지적 성격에도 연원한다(그런 의미에서는 사대주

의의 반면(反面)이기도 하다. 상해가 있으면 조선인 자신이 바로 경찰 문제화하는
점에도 조선인의 상해 건수가 많은 이유가 있다). 장물이 조선인 범죄로서 많은
것은 고물·쓰레기 장사에 종사하는 조선인이 많기 때문이다. 이상의 범
죄를 제외한 나머지 범죄가 전체에서 차지하는 비율은 겨우 8.9%에 불
과하다. 강도, 살인, 기타 흉악범이 적은 것도 조선인 범죄의 특색이다.
그러므로 전전의 조선인 범죄 종목으로서 많은 것은 절도, 상해, 장물이
며 그 전부가 환경 범죄이다. 따라서 인구수에 비해서 높은 범죄율에도
불구하고 재일조선인이라는 존재 양태에서 볼 때 그것은 필연적인 현상
이기도 하다.

전후의 조선인 범죄는 전전과 비교해서 그 양상이 일변했다. 우선 범
죄 건수가 많아졌다. 1940년을 기준으로 1950년을 검토하면 형법범에
서 8배 가까이, 특별법범에서 47배로 급증했다. 그 변화를 다카하시의
통계에 의거해서 보면 〈표 59〉와 같다.

범죄 건수는 일본인과 조선인 모두 전쟁 말기부터 급증하는 경향이
있었다. 특히 특별법범에서 그러하다. 전후가 되어 조선인은 일본인의
경우와 달리 범죄 건수 자체는 범죄 실인원이 나타내듯이 그다지 증가하
지 않았다. 특별법 범죄인 수는 1945년 이후에 오히려 감소했다. 그러나
조선인의 인구수는 전쟁 직후의 반년 사이에 3분의 1로 감소했기 때문에
인구당 범죄수는 급증하고 있는 것이다. 우선 1946년은 일본인의 형법
범은 전년의 배이고 특별법범도 증가하고 있으나, 조선인의 경우는 형범
범에 약간의 증가가 있고 특별법범은 전년의 40% 정도로 줄고 있다. 범
죄 실인원에서는 이러하지만 범죄율은 형법범에서 전전의 약 4배, 특별
법범에서 약 1.5배가 되었다. 1947년부터 이 경향은 더 강해져 1950년
이 되면 조선인의 범죄율은 형법범 867명, 특별법범은 236명으로 합계
1,003명이 되고, "인구 10만 명당 1,000여 명이라는 세계 미증유의 수형

<표 59> 전후의 재일조선인 범죄율

연대	일본인				조선인				b/a
	실인원		범죄율 (인구 10만 명에 대한)		실인원		범죄율 (인구 10만 명에 대한)		
	형법범	특별법범	형법범(a)	특별법범	형법범	특별법범	형법범(b)	특별법범	
1945년	25,732명	3,597	35.7	5.0	2,709	1,520	129	72	3.6
1946	56,609	4,920	78.2	6.8	3,237	612	501	95	6.4
1947	52,486	1,799	67.6	2.3	4,095	492	805	97	11.9
1948	61,317	1,936	77.0	2.4	4,156	893	700	150	9.1
1949	51,463	1.375	63.3	1.7	3,742	623	623	104	9.8
1950	51,478	1,442	62.3	1.7	4,640	1,262	867	236	13.9
1951	47,800	1,420	56.9	1.7	3,294	943	598	171	10.5

高橋正巳, 「戰後に於ける外国人(特に朝鮮人)の犯罪」에서 인용
단, 1945년은 이 책의 수정 인구로 조선인의 범죄율을 수정함

자"를 냈던 것이다. 전쟁 말기부터 증가 추세였던 일본인의 범죄 건수는 1948년을 정점으로 해서 1949년부터 점차 감소 경향을 보이고 있다. 그럼에도 조선인의 범죄는 전혀 감소하지 않아 1949년에는 27,000여 명, 1950년에는 29,000명으로 검거 인원이 증가하고 있다. 여기에 전후 일본에서 조선인 문제가 마치 조선인 범죄 문제인 것처럼 취급된 연유가 있으며, 또한 여기에 전후 조선인 범죄 문제의 핵심이 숨어 있다.

일본 사회와 경제의 상대적 안정화에 따라 감소해야 할 범죄 건수가 조선인의 경우에는 왜 오히려 증가 경향을 보이는가. 이것을 이해하기 위해서는 먼저 그 범죄 내용 즉, 전후 조선인의 범죄 종목별 상황에 대해 고찰해야 한다. <표 60>은 1949년도 제1심 유죄 범죄표에 기초한 범죄 종목별 통계이다.

이것을 보면 형법범에서 가장 많은 것은 절도 4,767명으로 형법범 총수의 약 60% 정도이다. 다음으로 많은 것은 장물죄 989명이며 상해 폭

〈표 60〉 전후의 재일조선인 범죄 종목별 조사
A. 형법범

범죄명	일본인 인구 (79,575,353명)		조선인 인구 (601,772명)		b/a
	실인원	a. 범죄율 (인구 10만 명당)	실인원	b. 범죄율 (인구 10만 명당)	
공무집행 방해	345명	0.43명	177명	29.8명	69.3
도주	271	0.34	23	3.8	11.2
주거침입	984	1.24	108	17.9	14.5
문서위조	660	0.83	44	7.3	8.8
도박 복권	1,861	2.34	84	13.9	5.9
살인	748	0.94	31	5.2	5.5
상해	3,847	4.84	659	138.6	28.6
폭행	513	0.65	81	13.5	20.9
절도	65,385	82.10	4,767	792.0	9.6
강도	4,420	5.55	264	43.4	7.8
사기	9,539	12.00	434	72.2	6.0
공갈	3,000	3.77	202	48.6	12.9
횡령	4,630	5.82	67	11.1	1.9
장물죄	5,582	7.00	989	164.5	23.5
기타	3,415	4.30	163	27.1	6.4
합계	105,200	132.20	8,183	1,360.0	10.3

1949년도 통상 제1심 형법범 유죄 피고인 수에 의한 통계
高橋正巳, 앞의 논문에서 인용

행은 740명으로 세 번째로 많다. 전전에 많았던 도박은 공영화로 겨우 84명으로 감소했다. 이상을 제외한 기타 범죄 종목 인원은 합해서 1,513명이며 그 중 약 300명이 공무집행 방해 등의 정치범이다. 따라서 전후의 형법범에서 특징적인 것은 첫째, 절도범이 형법범 중에서 차지하는 비율이 증가했고 전후 형법범의 증가는 주로 이에 의거한다는 점, 둘째, 장물죄가 증가한 점, 셋째, 재일조선인에 대한 정치적 탄압을 위해 만들어진 '범죄'가 증가한 점 등이다. 형법범 전체의 범죄율은 인구 10만 명당 1,360명으로 일본인 132.2명의 10.3배이다. 일본인과 비교해서 특히

배율이 높은 것은 공무집행 방해죄 69배, 장물죄 23배, 상해 22배이다.

다음으로 특별법범을 보면 전체 10만 명당 686명으로, 일본인 50.4명의 13.7배이다. 따라서 일본인과 비교할 때 조선인은 특별법범 쪽이 범죄율이 높다. 특별법범 실인원 4,131명 중에서 최고를 차지하는 것은 주세법(酒稅法) 위반의 1,342명이다. 다음으로 식량관리법 위반 785명, 물가통제령 위반 458명, 담배전매법 위반 351명, 칙령 311호 위반 287명, 관세법 위반 243명의 순이다. 특별법범은 정치관계 범죄를 제외하면 전부가 전후의 암시장에 관한 것이며 조선인 다수의 생업과 관련된 것이다.

형법범과 특별법범을 구별하지 않고 전후의 범죄를 조선인 생활과 관련된 실상에 기초해서 〈표 60〉의 조선인 범죄 종목 인원을 정리하면 다음과 같다.

범죄 종목	실인원	비율
흉악범죄	295명	2.4%
조폭(粗暴)범죄	942	7.7
빈곤범죄	5,396	43.8
경제범죄	4,759	38.6
정치'범죄'	380	3.1
기타 범죄	542	4.4
합계	12,314	100.0

즉, 빈곤에 의한 형법범죄가 5,396명의 43.8%이고, 경제범이 4,759명의 38.6%이다. 양자를 합해서 형법범과 특별법범의 80% 남짓을 차지한다. 따라서 전후 조선인 범죄 문제의 범위를 좁히면 이 양자의 문제가 된다. 그리고 이 양자는 전후의 재일조선인 취업 및 생활과 불가분의 관계에 있다. 전후가 되자 모든 직장에서 내몰린 조선인은 무엇이든 생업

을 스스로 만들어내야 하는 입장에 처하게 되었다. 자본도 없고 경험도
없이 신용도 점포도 없는 이들이 암거래를 생업으로 하지 않을 수 없었
던 것은 당연한 이치이다. 암거래를 못 하거나 소득이 없는 자는 빈곤범
죄를 저지르게 된다. 따라서 취업 문제가 타개되지 않고 암거래를 억누
르는 것은 자연적으로 빈곤범죄를 유발할 수밖에 없는 관계에 있다.

 전후의 재일조선인 범죄와 취업 사이의 상관성을 가장 명백히 보여주
는 것은 범죄자의 직업별 비율이다. 다카하시의 조사에 의하면 〈표 60〉
의 형법범 8,183명의 직업은 무직자 31.5%, 기타 유업자 12.2%, 기타

<표 60> 전후의 재일조선인 범죄 종목별 조사
B. 특별법범

| 범죄명 | 일본인 인구 (79,575,353명) | | 조선인 인구 (601,772명) | | b/a |
	실인원	a. 범죄율 (인구 10만 명당)	실인원	b. 범죄율 (인구 10만 명당)	
폭력행위등 처벌에 관한 법률	283명	0.36명	72명	12.0명	33.3
무역임시조치령	37	0.05	27	4.5	90.0
1946년 칙령 제311호	162	0.24	287	47.7	198.4
임시물자수급조정법	4,594	5.77	172	28.6	4.9
관세법	657	0.83	243	40.4	48.6
담배전매법	536	0.67	351	25.1	37.4
마약단속법	415	0.52	34	5.7	10.9
경범죄법	532	0.67	43	7.2	10.7
물가통제령	13,126	16.50	458	76.0	4.6
주세법	459	0.58	1,342	223.0	384.0
식량관리법	10,459	13.15	785	163.6	12.4
식량긴급조치령	273	0.34	71	11.8	34.3
총포 등 소지 금지령	1,602	2.02	61	10.1	5.0
1947년 정령 제165호	2,083	2.62	94	15.6	5.9
기타	4,554	5.72	91	15.1	2.6
합계	39,772	50.04	4,131	686.4	13.7

1949년도 특별법범 제1심 유죄 피고인 수에 의한 통계

광공업 8.9%, 점포에서 매매하는 자 8.5%, 자유업 5.2% 등의 순이며, 명확한 생업이 없는 자가 전체의 80% 이상을 차지한다. 일본의 전후 부흥과 안정은 암거래의 근원을 해소함으로써 암거래를 점차 자연 소멸시켰으며 이런 경향 속에서 암거래의 영역은 좁아져갔다. 이에 일본인은 사회 경제의 안정에 따라 다른 곳으로 취업을 했고, 그로 인해 1948년을 정점으로 이후 일본인의 범죄는 감소 경향을 보였으나 이와 같은 사정이 조선인에게는 역작용을 일으켰다. 즉, 암거래를 못 하게 되었어도 재일조선인은 달리 취직을 할 수 없어서 점점 더 암거래에 의존하지 않을 수 없게 되었다. 그리하여 재일조선인의 암거래는 한편으로는 '악화'되는 경향을 수반하는데 일본 정부의 조선인에 대한 돈 빼기(金拔) 정책을 겸한 암거래 박멸책과 맞물려 점점 더 표면화하게 되었다. 1950년도에 나타난 재일조선인 범죄 건수의 미증유의 급증은 이런 일본 사회 경제의 상대적 안정에 따른 암거래의 해소, 한편으론 조선인 암거래 생업의 가시화와 다른 한편으론 생업 상실로 인해 유발된 빈곤범죄의 증가에 기인한 것으로 설명할 수 있는 것이다.[39]

그러나 전후 재일조선인의 범죄도 1950년을 정점으로 이후 감소 경향을 보이게 된다. 즉, 검거 인원수를 1949년을 100으로 한 지수를 가지고 나타낸다면 1950년 106, 1951년 100, 1952년 88, 1953년 82, 1954년 72로 감소하고 있다.[40] 이와 같은 감소는 취업 조건 또는 생활 자체의

---

39) 재일조선인의 범죄율은 "대체로 조선인의 거주 밀도가 낮은 지방일수록 높다"고 일컬어진다. 가고시마(鹿児島), 홋카이도(北海道), 후쿠이(福井), 다카마쓰(高松), 아오모리(青森), 우쓰노미야(宇都宮), 구마모토(熊本), 고치(高知) 등의 순으로 상위를 차지하고 있다(경시청, 범죄통계 참조). 이는 왜일까. 조선인이 밀집하지 않은 곳은 밀집 지역보다 더 취업의 기회를 잡을 수가 없고, 나아가 궁핍한 때에 상호부조 작용을 받을 수 없기 때문이다.

40) 警察庁, 『犯罪統計書第二部』(1953).

호전에서 기인하는 것이 아닌 점에 문제가 있다. 그런 의미에서 하등 기뻐해야 할 현상은 아니다. 재일조선인 생활의 다른 면으로 문제가 전이한 것이며, 생활의 궁핍이 보다 절박하다는 것을 의미한다. 마지막으로 1949년도의 일본 내 범죄 종목별 검거 인원 총수에 대한 조선인 피검거자의 비율을 제시하면 〈표 61〉과 같다.

〈표 61〉 재일조선인 죄종별 피검거자 수 (1949년)

검거 죄명	a. 총검거 실인원	b. 조선인 피검거 수	b/a
형법범 총수	539,789명	20,156명	3.7%
살인	3,356	116	3.4
흉악강도	2,299	89	3.9
보통강도	3,557	93	2.6
방화	1,331	38	2.8
강간	4,269	102	2.4
폭행	20,887	993	4.7
상해	68,863	4,367	6.3
협박	3,813	136	3.6
공갈	14,582	689	4.7
절도	235,114	8,451	3.6
사기	53,541	1,211	2.3
횡령	25,518	296	1.1
도박	10,581	470	4.4
기타	92,078	3,105	3.3
특별법범 총수	—	17,120	—
마약단속법	1,682	406	24
각성제단속법	55,664	8,129	15
주세법	2,359	1,179	50
군표관계	536	72	13
출입국관리법	—	1,213	—
외국인등록법	—	(15,175)	—
기타	—	6,121	—
합계	—	37,276	—

警察庁, 『犯罪統計書』(昭和29年)
특별법범 합계 중에는 외국인 등록 관계 검거 인원은 포함되지 않음

즉, 1949년 1년간 형법범의 죄명으로 검거된 조선인 수는 20,156명이며, 특별법범의 죄명에 의한 검거자 수는 17,120명이다. 실로 놀랄만한 다수의 검거자 수이다. 재일조선인의 인구수와 대비해서 검거자 수를 보면 다음과 같다. 남자 15~59세 연령의 인구수를 형법범 연령 인구로 간주하면, 조선인의 성년 남자 100명 중 12.8명은 1949년에 형법범 피의자로서 검거된 것이 된다. 또한 15~59세 연령의 남녀 인구를 범죄 연령 인구라고 한다면 형법범, 특별법범의 검거 인원은 합계 37,276명이므로 재일조선인 성년 남녀의 100명 중 14.4명이 검거된 셈이 된다. 외국인등록법 위반에 따른 검거자 수까지 넣으면 이 수치는 좀 더 늘어서 100명당 20.2명이 된다. 이 밖에 1949년도에는 도로교통단속법 위반에 따른 검거자 19,332명도 있다. 그러므로 대도시 경찰 유치장이 언제나 조선인으로 가득하다는 것도 부정할 수 없는 서글픈 사실일 것이다. 더욱이 조선인 피검거자의 취조 및 형량은 형사 담당 책임자인 다카하시의 말을 빌리면 "대개 일본인의 경우보다 더 무거운" 실정이다. 이리하여 전후의 재일조선인이라는 민족집단의 존재가 갖는 구조적 성격에서 보아 유례없을 정도로 다수의 조선인이 일본의 유치장이나 감옥에서 신음하고 있으며, 새로운 민족 애사(哀史)가 쓰여 지고 있다. 이것을 어떻게 보아야 할까, 일본의 위정자와 조선민족의 정치가들에게 묻고 싶다.

제3장

재일조선인의 장래

1. 장래 인구수

재일조선인은 앞으로 어떻게 될 것인가. 즉, 현재의 모든 조건에서 볼 때 재일조선인의 장래는 어떻게 될 것인가이다. 우선 인구수부터 검토해보기로 하자.

일본에 거주하는 조선인 수를 좌우하는 조건으로는 다음 세 가지를 생각할 수 있다. 첫째는 인구의 일본 유입이고, 둘째는 일본으로부터의 귀환이며, 셋째는 거주 인구의 자연증가이다. 일본으로의 유입은 정식으로는 여행자 이외는 허용되지 않기 때문에 문제는 밀입국자의 유입이다. 전쟁 직후 일본으로부터의 일제 귀환이 다분히 심리적 충동적인 것이었음은 앞에서 서술한 바이나, 전후 조선인의 일본으로의 밀입국 현상은 그 반동으로서의 역류로 이해해야 한다. 〈표 62〉가 제시하듯이 전후의 밀입국자 수가 1946년에 가장 많은 것은 바로 이 이유에서이다. 1946년에 비하면 1947년은 밀입국자 수가 격감했으나, 1948년, 1949년 다시 밀입국자 수는 급증하고 있다. 이것은 남조선의 정치 경제정세의 악화와 비례하고 있다. 1950년부터 밀입국자 수는 감소로 기울고, 1953년에는 1,791명으로 1949년의 약 10% 정도로 줄었다. 오늘날은 더 감소하여 밀입국 검거자 수는 약 천 명 내외이며, 그것도 주로 상륙지

이외에서의 검거이다. 조선전쟁 중에 밀입국자가 감소한 것은 일본으로
의 밀항이 어려웠던 점과, 일본 측의 경비가 엄중해져서 거의 성공하지
못했기 때문이다. 조선전쟁 후 오늘날까지 밀입국이 더 감소한 것은 전
술한 이유 외에도 일본에서의 생활이 쉽지 않다는 것이 널리 알려졌기
때문이라고 생각된다. 오늘날 밀입국자의 대부분은 밀무역자이고, 그
이외의 밀입국자는 외국인등록제도의 운용과 조선인에 대한 경찰의 감
시력으로 일본 내에서 거주하기가 불가능에 가깝다. 따라서 현재 및 장
래에 밀입국자가 일본에 거주하는 조선인 인구수에 미치는 영향은 전혀
없다고 해도 좋다. 그 때문에 재일조선인의 장래 인구는 귀환자 수와 자
연증가 수의 관계에서 좌우된다.

<표 62> 밀입국자 수

연도	검거 수	도주 확인 수	합계	검거율	상륙지 이외의 검거자 총수	강제송환 수
1946	17,737명	3,683명	21,420명	83%	19,111명	15,925명
1947	5,421	1,467	6,888	79	6,137	6,296
1948	6,455	2,046	8,500	76	6,915	6,207
1949	7,931	2,700	1,631	70	9,180	7,663
1950	2,442	1,170	3,612	68	2,976	2,319
1951	3,704	1,143	4,847	77	4,068	1,172
1952	2,558	705	3,263	78	3,039	2,320
1953	1,404	387	1,791	78	1,903	2,685
합계	47,652	13,301	60,953	78	53,329	44,587

篠崎平治, 앞의 책

　　1953년 말에 556,084명이었던 재일조선인 수는 1954년 말의 외국인
등록 갱신을 거쳐 1955년 말에는 578,288명으로, 그 사이에 22,204명
이 증가했다. 앞서 말한 인구의 자연증가율 0.014를 대비하면 1953년
말에서 1955년 말까지 증가할 인구수는 15,679명이다. 자연증가율을

0.018로 해서 계산하면 자연증가 수는 20,190명이 된다. 따라서 이 2년 간 귀환이 현저히 이루어졌다면 인구의 증가는 자연증가보다 밑돌아야 하는데, 오히려 상정할 수 있는 자연증가율 이상으로 인구수는 증가하고 있다. 이것은 1954년과 1955년에 귀환이 거의 이루어지지 않고 있음을 입증하는 것이다. 사실 이 두 해에 귀환은 거의 없었다. 일부 여행자의 정식 왕래와 밀무역자의 밀행이 있을 뿐이다. 조선으로의 귀환은 이두 해뿐 아니라 재일조선인의 생활 악화가 예상되는 가까운 장래에도 뚜렷이 이루어질 전망은 없다. 왜냐하면 한국의 생활 상태가 급속히 개선될 희망은 현재로서는 전혀 없으며, 또한 북조선으로의 이주가 주체적으로나 객관적으로 현저하게 이루어질 전망도 없다. 그렇다면 가까운 장래에 재일조선인의 귀환은 거의 예상할 수 없게 된다. 이것이 재일조선인 귀환 문제의 현실이다.

따라서 유입도 귀환도 인구수에 큰 변동을 미치지 않는다고 한다면, 재일조선인의 장래 인구수를 결정하는 것은 인구의 자연증가뿐이다. 이미 1954년, 1955년의 두 해에서 이것이 나타난다. 현재, 그리고 가까운 장래 재일조선인 인구수는 자연증가만큼 증가하는 경향이다. 가령 자연증가율을 0.014라고 한다면 1955년부터 10년 후인 1965년의 재일조선인 인구는 664,543명이 된다. 이것이 예측할 수 있는 최저의 장래 인구수이다. 1954년, 1955년 두 해의 인구 증가에서도 분명하듯 재일조선인 인구의 자연증가력은 이 이상의 것이다. 그것은 재일조선인 인구의 **연령별, 성별 구성이 나타내는 신구**(新舊) 인구의 교체 현상을 보아도 뚜렷하다. **만일 자연증가율을** 0.018로 한다면 1965년의 인구는 691,228 **명이 되고, 이것이 예측할 수 있는 한 재일조선인 장래 인구수의 최고치**이다.

재일조선인의 장래 인구에서 간과해서는 안 되는 점은 인구의 연령별

구성이 지닌 1세와 2세의 단층 연령이다. 1950년에 20~24세였던 재일
조선인이 1965년에는 35~39세가 된다. 즉, 1965년에는 재일조선인의
80% 이상을 주로 조선에 간 적도 없고 조선어도 충분히 할 수 없는 2세
및 3세가 점유하게 된다는 것이며, 그 중 일본인과의 혼혈인 2세와 3세
가 적지 않다. 이리하여 재일조선인의 장래 인구의 증가 경향은 본질적
으로 조선민족으로서 희박해지는 변화를 수반한다. 이것은 또한 이민
일반의 필연적인 현상이기도 하다.

2. 동화 경향

　사회 경제적으로 우세한 타민족 사이에 유입된 소수민족이 시간적 경
과와 더불어 그 타민족에 동화되어 버리는 것은 필연적인 현상이다. 유
입 민족에 대한 사회의 차별 대우는 단지 동화를 지연시키는 것에 불과
하다. 오늘날 재일조선인은 일본 이름을 병용하고, 많은 경우에 일본어
를 상용하고 있다. 어떤 의미에서는 그것이 강제되었던 전시 중보다도
더욱 장려되고 사용되고 있다. 그러나 결정적인 동화는 혼혈에 있고 통
혼에 있다. 전전에는 우발적인 것에 불과했던 일본인 여자와의 통혼은
전후 조선인에게는 일반적인 것이 되었다. 나아가 1951년을 전후해서
많아진 귀화는 이런 동화의 결말이자 법적 수속에 불과하다. 귀환도 못
하고 밀폐된 형태로 생활해야 하는 재일조선인이 현재 및 장래에 걷게
될 길은 의식 여하에 상관없이 이런 동화 경향이다. **빈곤화와 동화 경
향**, 이것이 재일조선인의 현 조건하에서 도출되는 장래 생활의 양대 방
향이다. 동시에 그것은 재일조선인의 장래가 일종의 최하층 천민 노동
자로서 일본인에 편입돼버릴 위험성을 다분히 갖고 있음을 의미한다.

그리하여 이하에서는 동화 경향의 실상에 대해 검토해보고자 한다.

우선 언어이다. 일본에 건너온 조선인에게 일본어는 어디까지나 외국어인데 재일조선인 2세에게는 오히려 조선어가 외국어와 같다. 2세 청소년 중에서 조선어 읽기, 쓰기, 말하기 모두 충분히 가능한 경우는 조선인 자주학교 출신자를 제외하면 오히려 예외이다. 조선어는 못해도 일본어는 할 수 있는 경우가 일반적이다. 더욱이 이런 2세가 재일조선인 중에 차지하는 비중은 해마다 많아지고 있다. 전후 조선어 문맹 타파에 조련(朝連: 在日本朝鮮人連盟, 1945년 10월 결성되어 1949년 9월 강제 해산된 재일조선인 단체-옮긴이)과 민전(民戰: 在日朝鮮統一民主戰線, 한국전쟁 발발 후 북한 정부를 지원하기 위해 1951년 1월에 결성된 단체. 1955년 재일조선인총연합회 결성 후 해산-옮긴이)이 힘쓴 공로는 크다. 현재도 조선인총연합회의 힘으로 자주적인 조선어 문맹 타파의 노력이 눈물겹게 이어지고 있다. 그러나 이런 강습회가 몇 차례나 열렸을 에다가와초 거주 조선인의 경우도 언어에 관한 조사 결과는 다음과 같다.[1]

이해 정도	일본어	조선어
말하기, 쓰기	49.3%	38.8%
말은 하고 쓰지는 못함	32.3	18.4
말은 못 하나 쓸 수 있음	0.2	2.8
말하기, 쓰기 못함	18.2	40.0

즉, 일본어는 말하기, 쓰기 모두 가능한 사람이 전체의 약 절반이고, 쓰지는 못하나 말할 수 있는 사람은 30% 남짓으로 여하튼 일본어를 할

---

[1] 田中寬一, 앞의 논문 「解放地区枝川町: ルポルタージュ」.

수 있는 사람이 80%를 넘는다. 조선어는 우선 말하기가 안 되는 사람이 42.8%로 약 절반이며, 쓰기의 경우는 58.4%로 약 60%이다. 에다가와 초에서 이런 상태이니 다른 곳에 분산 거주하고 있는 조선인의 조선어 이해 정도는 일본어와 큰 차가 있을 것으로 보인다. 장래 이것의 문제로서 재일조선인 자녀의 80% 이상이 일본인 학교에서 아무런 민족교육도 받고 있지 않은 점이 심각하게 고려되어야 한다.

전전에 일본인과 조선인의 통혼(압도적으로 일본인 여자와 조선인 남자)은 〈표 63〉이 제시하는 바와 같이 매우 드물었다.

〈표 63〉 전전과 전후 재일조선인의 일본인과의 결혼 조사

	조사 지구	조사 연월	유배우자	배우자가 일본인인 재일조선인	통혼률
전전	교 토 시	1935년 4월~1936년 3월	5,501	94명	1.3%
	오사카시	1932년 6월~1932년 12월	10,593	85	0.8
	고 베 시	1935년 5월~1935년 10월	3,651	78	0.2

	세대(世帶)의 종류	세대주 인원	비율	세대 종속자	세대당 인원
전후	독신세대(18세 이상 독신 생계유지자)	32,000명	25%	- 명	- 인
	조선인끼리 혼인 세대	75,500	60	369,700	4.8
	일본인을 처로 둔 세대	15,500	12	49,900	3.2
	기타 세대	3,700	3	14,600	4.0
	합계	126,700	100	433,300	-

	유배우자 세대 중 일본인 처를 둔 세대의 비율					
전후	가나가와현(神奈川県)	11.0	후쿠오카현(福岡県)	13.0	아키타현(秋田県)	49.0
	오사카부(大阪府)	4.6	야마가타현(山形県)	68.0	도치기현(栃木県)	48.0
	야마구치현(山口県)	5.2	홋카이도(北海道)	62.0	미야기현(宮城県)	47.0
	효고현(兵庫県)	5.5	니가타현(新潟県)	60.0	사이타마현(埼玉県)	43.0
	교토부(京都府)	7.2	가고시마현(鹿児島県)	54.0	이바라키현(茨城県)	40.0
	아이치현(愛知県)	9.5	후쿠시마현(福島県)	50.0	야마나시현(山梨県)	40.0
	오카야마현(岡山県)	10.0	이와테현(岩手県)	49.0		

전전은 각 도시의 앞에 든 조사
전후는 篠崎平治, 앞의 논문 「在日朝鮮人の生活実態」

이 표에서 교토시의 경우 배우자가 일본인인 사람은 유배우자 총수의 겨우 1.3%이고, 오사카시 0.8%, 고베시는 0.2%에 불과하다. 이것은 일본인과의 결혼 사례가 있었음을 보여준다기보다는 오히려 원칙적으로는 전혀 없었음을 보여주는 것이다. 조선인에게는 방도 빌려주지 않으니 딸을 줄 리가 없다. 이런 관념은 전후에 강화되면 강화되었지 약화되지는 않는다. 그럼에도 전후가 되어 일본인과 조선인의 결혼이 일반적이 된 것은 어쩔 수 없는 특수한 사정 즉, 일본인 여자 결혼연령 인구의 과잉 때문이다. 일본인 여자가 과잉이었을 뿐만 아니라 물론 조선인 성년 남자도 과잉이었다. 1952년 현재 인구를 기준으로 보면, 21세 이상 연령의 조선인 남자 인구는 21세 이상의 여자 인구에 비해서 58,650명 더 많다. 조선과의 왕래가 두절된 이상, 일본인 여자의 경우와 마찬가지로 이 과잉은 절대적인 것이다. 이에 유무상통(有無相通)의 이치로 조선인 남자와 일본인 여자의 결혼이 일반적인 현상으로 나타나게 되었던 것이다.

〈표 63〉의 전후 통계는 경찰 조사를 바탕으로 시노자키가 추계한 것으로 생각되는데 유배우자 중 일본인을 처로 둔 사람이 15,500명으로 전체의 12%이다. 이것은 조금 과소하다고 생각된다. 그렇다고 해서 법무성 입국관리국의 『조선인백서』가 서술하는 바와 같이 일본인과의 통혼자 11만이라든가 『마이니치신문(每日新聞)』 보도의 통혼자 12만 5천명, 그 자녀수 25만 명(1955년 12월 11일자) 정도로는 많지 않다. 전술한 과잉 남자 수 58,650명에서 같은 연령대의 독신자를 빼면 일본인과의 통혼자의 최고 수치가 나온다. 재일조선인 연령별 인구에서 21세 이상의 남자 수는 156,758명이므로, 〈표 63〉의 조사 대상자 126,700명과의 차 약 3만 명은 시노자키도 지적하는 것처럼 무배우자가 아니다. 또한 일본인과의 결혼은 호적상 신고가 불가능해 결혼식을 하지 않는 경우가

많아 지방이라면 몰라도 대도시에서는 외면적으로 조사에서 파악되기 어려운 사정이 있다. 그러므로 21세 이상의 조선인 남자 중에서 독신자 수를 3만 명 이하로 간주한다면, 일본인을 처로 둔 조선인 세대는 약 4만 5천 명이며, 그 종속자는 약 9만 명이 된다.

일본인을 처로 둔 세대는 조선인의 밀집 주거지인 대도시보다 지방이 더 많다. 그것은 두 가지 이유 때문이다. 하나는 조선인 남자의 과잉 현상이 조선인 거주 역사가 길지 않은 지방 쪽에서 더 강하게 나타나기 때문이며, 또 하나는 다른 측면이지만 대도시에서는 일본인을 처로 두고 있는지 여부를 조사하기 어렵기 때문이다. 필자가 조사한 도호쿠지방의 소도시는 전국적으로 보아도 일본인과의 통혼률이 높은 곳인데, 조사 결과는 〈표 64〉에서 제시하는 바와 같다. 유배우자 35명 중 조선인을 처로 둔 사람이 7명으로 유배우자 전체의 겨우 20%인 것에 반해, 일본인을 처로 둔 사람은 28명으로 80%를 차지한다. 또한 그 중의 25%가 조선에 본처를 두고 있는 자이다. 인구 총수에서 보면 조선인만의 세대인원수는 인구 총수의 24%이며, 배우자가 일본인 처인 세대가 76%를 차지하게 된다.

이런 사례에서 보아도 일본인 여자와의 결혼이라는 일반 현상은 재일조선인의 동화 경향을 촉진시키는 데 결정적인 역할을 하고 있는 것이다. 일본인을 처로 두는 세대는 생활양식도 언어도 일본화하지 않을 수 없다. 더욱이 세대의 추이에서 그러하다. 〈표 64〉의 예에서도 조선인 총수의 76%를 차지하는 일본인 처의 세대원 수 135명 중에서 순수한 조선인은 세대주인 29명에 불과하다. 이 표에서는 제외한 일본인 처의 친족수를 포함한 보다 많은 일본인 세대원에 둘러싸여 세대주의 생활이 이루어지고 있는 것이다. 세대의 추이에서 가장 먼저 사멸할 세대원은 조선인 세대주 본인이다. 그렇게 될 경우에 그 세대는 다분히 일본인으로 환원할 것이다. 이런 현상 즉, 일본인 처와의 통혼으로 동화가 두드러지게 촉진되는 것은 특히 자영업자 또는 기업주 등 유산자 계층에서이다. 자산이 있으니 조선인 사회와도 자연히 소원해지기 쉽고 일본인 생활 속에 매몰된다. 이래서 단지 외국인등록증을 소지하고 있어서 조선인인 것에 불과한 조선인이 다수 생긴다. 귀화는 이런 사람들에게 시간 문제이거나 절차상의 문제에 지나지 않는다. 이에 반해 자산이 없는 계층의 경우는 다소 사정이 다르다. 일본인 처를 얻었다고 해서 일본에서

〈표 64〉 도호쿠지방 소도시의 조선인 세대 구성

생계 정도	무배우자 세대		유배우자 세대				
			조선인 처		일본인 처		
	배우자가 없는 이유	자녀	처	자녀	본처가 없는 자의 처	조선에 본처가 있는 자의 처	자녀
	명	명	명	명	명	명	명
상			1	⑥		1	③
중			1	②	1	1	①
중하			2	③	8	3	⑤②②④②⑤ ③②②③③
하	2 ①본처 있음 ②처(일본인)와 사별	③	1	①	8	2	③①③③②② ③②③②
극(極)하	2 남편과 사별 2 거지	②②	2	⑤④	4		⑤②④③
합계 비율	6명 (종속자만) (처만)	7명 4%	7명 4% 20%	21명 17%	21명 17% 60%	7명 4% 20%	75명 54%

인구 총수 (179명) 100%	조선인만의 세대인원	(44명) 24%	세대주	유배우자 7명 무배우자 5명	종속자	처 7명 자녀 25명
	일본인 처의 세대인원	(135명) 76%	세대주	유배우자 28명 무배우자 1명	종속자	처· 28명 자녀 78명

앞의 실태 조사에 의함

사회적 대우가 조금이라도 달라지는 것은 아니다.

끼니를 걱정해야 하는 빈곤한 삶에서 동화할만한 생활의 구체물도 **없**다. 일본 생활에서 빈곤의 절박함은 이 사람들에게 항상 조국을 떠올리게 하고 귀환을 고려하게 한다. 특히 조선에 본처와 자식을 두고 온 사람들에게 문제는 심각하며, 정말 to be or not to be이다. 일본에서 일본인 처자를 데리고 가난하게 사는 것도 괴롭지만, 고국에서 기다리고 있는 암흑은 더 견디기 어렵다. 한 고비 넘어 또 한 고비이다. 그러니까 현청, 경찰, 직업안정소에도 몰려가지만 돌아오는 것은 철모와 곤봉이다. 이리하여 일본 사회의 모든 면에 걸친 조선인에 대한 차별 정책과 거기서 강요된 생활의 빈곤은 동화 경향을 저지한다. 그러나 근본적으로는 가까운 장래에 생산관계의 변혁을 기도할 한국 정부가 생겨나리라는 기대는 없다. 생산관계의 변혁 없이는 자본의 축재가 없는 한 생활 향상을 위한 타개책은 없다. 따라서 재일조선인의 한국 귀환은 바라기 어렵다. 그렇다고 해서 일본 내의 차별 정책과 실업 상태가 개선될 희망도 없다. 그러므로 적어도 가까운 장래에 재일조선인은 현재의 어려운 조건을 그대로 계속해서 감수하지 않으면 안 될 상황에 있다. 이런 상황에서 동화 경향은 필연적으로 촉진되어 그 종국에는 최하층 빈곤자 계층으로 일본인에 편입되는 것이 남겨져 있을 따름이다. 이것이 재일조선인이 일본에서 처해있는 참혹한 현실의 논리이다. 원하건 원치 않건 말이다.

여기에 문제가 하나 있다. 그것은 준조선인의 문제이다. 즉, 조선인은 일본에 호적이 없기 때문에 일본인 처와 결혼한 경우에 호적상 수속을 취할 수 없고 만일 무언가 수속을 한다고 하면 일본인 처가 외국인 등록을 하는 것뿐이다. 남편인 조선인이 일본에 영주할 작정이라면 처는 외국인 등록을 할 생활상의 필요성이 없다. 남편이 조선으로 돌아갈 생각이라면 혼인은 불안정해지고 더욱 외국인 등록을 할 필요가 없다. 결국 일본인 처의 경우는 외국인 등록을 하지 않는 것이 일반적이다. 그러나 자녀, 특히 남자 아이의 경우는 문제가 다르다. 자식은 조선에 돌아갈 때 데리고 갈 수 있으므로 외국인 등록을 하는 경우가 많다. 그러나 처의 호적에 올리는 경우도 많다. 이 경우 법적으로 아버지는 조선인이고 자식은 일본인이 된다. 이런 예는 자산이 있는 계층에 많다. 그 이유는 자산이 있으니 혼인 및 세대관계는 안정적이고 조선인 세대주의 일본에서의 거주도 영속적, 안정적이기 때문이다. 게다가 재산 보전의 의미도 있다. 이런 2세가 일본 내에서 어떤 장래를 보낼지는 정세의 변화가 결정할 것이다. 그리고 외국인 등록에 나타나지 않는 이런 종류의 조선인은 일본인 처 약 3만 명과 그 자녀 약 6만 명으로 많아도 10만 명을 넘지 않으리라고 생각된다. 시노자키는 약 5만 명 이하라고 보고 있으나 7, 8만 명 선으로 생각된다. 따라서 재일조선인 문제를 다룰 때 외국인 등록 인구수 외에 이 7, 8만 명의 준조선인이 존재하는 것을 함께 고려해야 하며, 이른바 재일조선인 인구수의 상당 부분이 일본인 또는 그 자녀 등 준일본인임에 주목해야 할 것이다.

전후 일본에 귀화한 조선인의 확실한 수는 발견하지 못했으나 법무성 입국관리국의 『조선인백서』에 따르면 일본으로의 귀화를 희망하는 조선인 수는 4만 5천 명이라고 한다(어떤 방식으로 조사했는지는 명확하지 않음). 『마이니치신문』의 보도(1955년 12월 11일자)에 의하면 1955년 3월 현재 이미 귀화한 사람이 4,000명 정도 있고, 귀화 신청자는 8,000명이라고 한다. 귀화에는 물론 특수 조건이 필요하여 가난한 자가 할 수 있는 것이 아니다. 귀화가 많아지게 된 것은 1951년부터 시작된 한일회담에서 강제송환 원칙이 타결되고 나서이며, 유산자의 재산 보전의 한 수단으로 취해진 측면도 있다.

3. 생활의 궁핍화

앞으로 재일조선인의 생활은 어떻게 될 것인가. 한마디로 답한다면 궁핍화이다. 오늘날 재일조선인의 모든 계층에서 생활의 전락이 이어지고 있는데 특히 두드러진 몰락을 보이고 있는 것은 중위 생활자층이다. 그것은 전후 한 시기 그리고 조선전쟁 때 발족, 유지된 조선인 중소 규모의 영업 또는 기업이 이미 벽에 부닥쳐 축적한 재산도 다 소비하고 파탄을 초래하고 있는 상태에서 기인한다. 조선인 유업자 중에서 '일용노무자'와 '기타 직업' 종사자를 제외한 나머지 즉, 유직자의 압도적 부분은 조선인이 경영하는 업체의 업주와 종업원이다. 그리고 조선인이 경영하는 영업 또는 기업은 예외 없이 중소 이하의 규모이며, 그 업종은 앞서 〈표 36〉이 제시한 바와 같이 주로 상업에 집중되어 있다.

이 점을 다시 다른 조사 자료에 기초해서 검토해보면, 〈표 65〉는 일본 적십자사가 조사한 1954년 12월 현재의 재일조선인 직업 상황을 나타낸 것이다. 이 표에 나타나 있는 유직자의 총수는 15만 명이다. 따라서 같은 해 말의 직업연령 인구수를 약 25만 명이라고 한다면 이 표는 재일조선인 약 60%의 직업 상황을 나타내는 것이며, 그렇기 때문에 〈표 36〉의 유업자 19만여 명 중에서 '일용노무자'와 '기타 유업자'의 일부를 제외한 즉, 실업자를 제외한 고정적 유업자의 직업 내용을 나타내는 것이라고 볼 수 있다. 물론 이 조사도 외국인 등록 자료에 의거한 것이며 〈표 36〉의 경찰 조사의 그것과 마찬가지로 어느 정도나 사실을 반영하는 것인지 의문이 없지 않지만, 재일조선인의 직업 상황으로서 일단은 기준이 되리라고 생각된다. 유직자 15만 명 중 경영자 5만 5천 명, 종업원 9만 5천 명이며 경영자 1인당 종업자 수는 원시산업 1.5명, 제조가공부문 6.5명, 서비스업부문 2.0명이다. 여기서의 종업원은 반드시 조선인이 경

〈표 65〉 재일조선인 산업별, 지위별 인원표 (1954년 12월 현재)

산업별	경영자 a	종업원	합계 b	b/a
(원시산업)	12,726	6,242	18,968	1.5
농업	7,044	2,553	9,597	1.4
목축	3,329	1,216	4,545	1.4
임업	1,977	1,793	3,770	1.9
어업	376	680	1,056	2.8
(제조가공부분)	10,091	54,940	65,031	6.5
방적	1,606	5,368	6,974	4.4
기계	744	4,001	4,745	6.4
고무	475	2,255	2,730	5.7
엿 과자	1,097	984	2,081	2.0
피혁	504	1,307	1,811	3.6
제화	735	571	1,306	1.7
인쇄	87	476	563	6.4
기타	2,571	15,497	18,068	7.0
토목건축	2,272	24,481	26,753	11.7
(서비스업부분)	32,208	33,948	66,156	2.0
고철류	9,929	5,682	15,611	1.6
유흥	4,255	6,218	10,473	2.4
운수	1,049	5,943	6,992	6.7
요리·음식	4,428	2,480	6,908	1.6
고물상	2,572	1,598	4,170	1.6
브로커	1,531	561	2,092	1.4
여관	424	272	696	1.6
무역	312	297	609	1.9
금융	139	146	285	2.0
기타	7,341	6,511	13,852	1.9
지적 노동	228	4,240	4,468	2.0
합계	55,025	95,130	150,155	－

日本赤十字社, 『在日朝鮮人の生活の実態』
(단, 『朝鮮月報』 3호로부터 인용−인용시 원문에 잘못된 일부 수치는 정정함)

영하는 업체의 종업원임을 의미하지 않지만, 재일조선인의 고용 조건 일 반의 상황과 경영자 1인당 종업원 수로 미루어 볼 때 거의 전부가 조선인 이 경영하는 업체의 종업원임을 이해할 수 있다.

이리하여 〈표 65〉의 유업자 15만 명은 일부의 예외를 제외하고 전부 가 조선인 기업 또는 경영체의 경영자이자 종업원이라고 간주할 수 있 다. 마찬가지로 경영자 1인당 종업자 수도 조선인 경영체에서의 실제 수를 나타내는 것이 아니라, 조선인 경영체에서 일하는 일본인 종업원 의 수도 고려해야 한다. 그러나 후술하는 바와 같이 조선인 상공업의 구 체적 내용에서 볼 때 이 표에서와 같이 경영자 1인당 종업자 수가 과도 하게 적은 것은 재일조선인 기업이 중소 규모라기보다는 오히려 가족 노동력을 중심으로 하는 이른바 '소상업' 정도의 것임을 보여주는 것이 다. 따라서 〈표 65〉에 의하면 재일조선인 중 가정 종속자와 학생을 제외 한 직업연령 인구수의 반이 유직자이나, 그 유직자의 거의 전부가 소상 업 정도의 영세 규모의 자가경영 업주이거나 종업원인 셈이 된다. 이런 영세 경영의 영업 종목에 대해 이 표의 경영자 분포 수에서 살펴보면 원시산업 18%, 제조가공부문 24%, 서비스업부문 58%로 압도적으로 상업부문에 집중되어 있다.

조선인 상공업자의 업종별 내용에 대해서 재일본조선인상공연합회가 조사한 『조선인상공편람』에 의거해서 검토하면 〈표 66〉과 같다.

즉, 이 표는 1956년 10월 현재 "현 전체 규모로 조사된 현"의 조선인 상공업자의 업종별 분포를 나타낸 것이다. 업종을 제조업과 비제조업으 로 나누면 제조업자 수가 전 상공업자 수에서 차지하는 비율은 27%에 불과하다. 더욱이 그 대부분은 방적업, 피혁·고무·비닐업, 금속·기계 ·전기기구업이며, 이 3종목의 종업자 수가 전체 제조업자 총수의 73% 를 차지하고 있다. 그것도 다음과 같이 극히 한정된 지역의 한정된 품목

〈표 66〉 재일조선인 상공업자 업종별표 (1956년 10월 현재)

현별(県別)	총수 a	제조업						비제조업					
		방적	피혁 고무 비닐 제품	금속 기계 전기 기구	기타	소계 b	b/a (%)	고철 고물 집하업	음식점	여관 오락 서비스 업	기타	소계 c	c/a (%)
이바라키현	158	2	0	1	6	9	5	54	23	43	29	149	95
사이타마현	101	0	0	18	2	20	20	24	16	35	6	81	81
도쿄도	1,208	7	171	126	93	397	33	207	229	178	197	811	67
가나가와현	563	4	1	9	34	48	9	113	246	108	48	515	91
니가타현	106	0	0	0	3	3	3	25	24	24	30	103	97
아이치현	539	78	3	46	56	183	34	95	80	61	120	356	66
기후현	103	3	1	0	24	28	27	9	11	10	45	75	73
교토부	438	190	1	10	20	221	50	78	36	49	54	217	50
후쿠오카현	147	0	0	2	6	8	5	79	11	21	28	139	96
합계	3,363	284	177	212	244	917	27	684	676	529	557	2,446	73

在日本朝鮮人商工連合会, 『在日本朝鮮人商工便覧』(1956)

에서이다. 방적(교토ー니시진(西陣)직물, 염색가공, 아이치(愛知)ー메리야스, 재생모, 유리 방적), 피혁·고무·비닐(도쿄ー가죽구두, 가방), 금속·기계·전기기구(도쿄ー네임플레이트, 전구 제조, 아이치ー주조(鑄造), 사이타마ー전기기구)이다[2]. 그러므로 조선인이 경영하는 제조업은 과거 조선인 밀집주거의 역사가 긴 공업지대 지역에 한정된 것이며, 더욱이 "소자본으로 비교적 생산공정이 단순하고 수공업적 요소가 다분히 있는"[3] 그 지역 특유 업종의 영세 규모이며, 또 대부분의 경우가 일본에서의 긴 생활에서 배운 업주의 노동력을 중심으로 하는 것이다. 한편으로 비제조업은 이 표의 평균에서도 전체의 70% 남짓 차지하고 있으나, 공업지대가 아니어

---

2) 金廣志·李教舜, 「在日朝鮮人の職業と商工業の実態」, 『朝鮮月報』 3, 4号 (1957) 참조.
3) 위의 글.

서 조선인 제조업자가 적은 현, 예컨대 이바라키현, 니가타현, 후쿠오카현과 같은 곳은 전체 상공업자의 95% 이상이 비제조업에 속해 있다. 비제조업 중에서도 고철·고물 집하업(集荷業)과 음식점업, 여관·오락·서비스업의 3종목이 압도적어어서 전체 비제조업자의 77%를 차지하고 있다.

　그리하여 재일조선인 상공업의 업종별 내용은 다음과 같이 요약할 수 있다. 전전부터 긴 일본 생활에서 제2종적 직업으로서 재일조선인의 천직처럼 자리 잡은 고철·고물 집하업이 조선인 상공업에서 제1위를 차지하고, 이어서 전후 혼란기부터 전통화한 음식업이 제2위를, 마찬가지로 여기서 파생한 여관·오락·서비스업이 제3위를 차지한다. 공업지대에서 조선인의 밀집 거주가 길었던 지역의 업주가 습득한 기술과 노동력을 중심으로 하는 영세 규모의 각종 제조업이 제4위를 차지하며, 나머지는 천차만별의 영세 경영이다.

　〈표 67〉은 위에서 언급한 각 현의 조선인 상공업자 중 최다 업종을

<표 67> 재일조선인 상공업 최다 업종표

현별(縣別)	총수 a	제1위	제2위	제3위	소계 b	b/a
이바라키현	158	철 54	서 43	음 23	120	76%
사이타마현	101	서 35	철 24	금 18	77	76
도쿄도	1,208	음 229	철 207	서 178	614	51
가나가와현	563	음 246	철 113	서 108	467	83
니가타현	106	철 25	음 24	서 24	73	69
아이치현	539	철 95	음 80	서 61	236	44
기후현	103	음 11	서 10	매 10	31	30
교토부	438	방 190	철 78	서 49	317	72
후쿠오카현	146	철 79	서 21	음 11	111	76

철은 고철·고물 집하업, 음은 음식점업,
서는 여관·오락·서비스업, 금은 금속·기계·전기기구 제조업,
매는 도소매업, (방은 방적업-옮긴이)을 가리킴

나타낸 것인데, 교토부 이외에서는 모두 고철업, 음식점업, 여관·오락
·서비스업이 1위에서 3위까지 차지하고 있다.

따라서 조선인 상공업, 환언하면 전후 오늘날의 조선인 직업에서 음
식점, 여관·오락·서비스업 등의 풍속영업이 차지하는 지위는 절대적
이었다. 경찰청이 조선인 영업 업종을 다음과 같이 제시하는 것은 이 때
문이라고 생각된다.[4]

풍속영업(카바레, 파친코, 댄스홀, 음식점)　　　70%
자유업(금융, 토지업)　　　　　　　　　　　　　10%
기타(종목은 천차만별)　　　　　　　　　　　　20%

오늘날 조선인의 영업이 풍속영업에 집중해 있는 것은 조선인이 풍속
영업을 좋아해서가 아니다. 전후 혼란기에 조선인은 제조업, 일반 유통
업, 기타 각종의 기업을 시도했지만, 예로부터 지역적 지반을 갖지 못한
그들의 시도는 거의 실패하고, 현재는 부활한 고철·고물 집하업 외에는
풍속영업이 주로 남아서 여기에 일반적으로 집중됐던 것이다.[5] 왜냐하
면 풍속영업은 다른 업종에 비해 소자본으로도 가능하고, 자본의 회전
이 빠를 뿐만 아니라 대단한 경험이나 지식도, 경영적인 지반이나 능력
도 필요하지 않기 때문이다. 그러나 전래의 실업적 직업이라고 할 수 있
는 고철·고물 집하업 외에 조선인의 영업이 풍속영업 중심이라는 것은
주체적, 환경적으로 불가피한 일이었다고 해도, 그것은 표면적인 화려
함에 비해 재일조선인의 영업 또는 기업이 매우 불안정한 기초 위에 서

---

4) 『サンデー毎日』(1955. 12. 11).
5) 전후에 풍속영업이 조선인 영업의 대중을 이룬 이유 중 하나는 전쟁 직후 재일조선인
　의 생활이 이런 업종에서 자영으로 출발한 역사적인 사실에도 있다.

있음을 보여주는 것이다. 시류와 경기의 부침에 그대로 좌우되기 쉬울
뿐더러 호황 시에도 자본 축적이 어려워 불황이 오면 대번에 망하여 일
순간의 화려함으로 끝나버리기 쉽다. 전국에 파친코가 유행하여 호황을
누린 조선인 업자 중에서 얼마나 축재하고 전업할 수 있었을까. 대부분
은 파친코 열기의 조락과 더불어 몰락하여 실업자가 돼버렸고, 아직 여
명을 유지하고 있는 자도 부채를 진 채 언젠가는 이렇게 될 조건에 놓여
있다.

이런 현상은 파친코뿐만 아니라 다른 풍속영업 전반에도 보인다. 시
장 내 음식영업은 과거만큼 번창하지 않게 되었고 대부분이 퇴출 위기
에 처해 있다. 조선전쟁 중에 번영한 외국군 전문의 조선인 여관업도 폐
업이 불가피하게 되었다. 더욱이 사회가 안정됨에 따라 이런 종류의 풍
속영업에 대한 소비는 점차 감퇴하고 있다. 이에 치열해지는 업자간 경
쟁에서 다른 업종의 경우와 마찬가지로 조선인 경영은 모든 면에서 불
리하다. 따라서 **풍속영업 중심의 중소 규모의 조선인 경영은 현재 이
미 상당한 전락을 보이고 있으며, 점차적인 몰락이 당연히 예상된다.
이 경향은 풍속영업 이외의 상업뿐만 아니라 제조가공업, 기타 모든
재일조선인의 자주 영세 경영에서도 현저하게 나타나고 있다.**[6] 이리
하여 업주의 몰락은 업주의 근친자와 그 종업원 보다 다수의 조선인의
실업을 의미한다. 이와 같이 조선인 직업의 중추를 이루는 자영업 및 각
종 기업의 부진, 몰락은 재일조선인을 결정적으로 실업자로 만드는 것
이다. 따라서 중위 생활자층의 전락에서 보이는 바와 같은 조선인 영업
및 기업의 몰락 경향이 계속된다면 재일조선인의 전반적인 실업은 단지

---

6) 조선인이 경영하는 풍속영업이 전락하는 데 작용하는 조건들은 조선인 경영의 제조업
   이나 기타 일반 유통업의 영세 경영에도 똑같이 작용하며, 이런 영세 경영의 기반은
   자금이나 영업 면, 기타 모든 면에서 매우 취약하다.

시간의 문제이며 가까운 장래에 불가피한 일이라고 말할 수밖에 없다.

중위 생활자층의 실업에서 간과할 수 없는 현상은 학교 졸업자의 실업이다. 일본인이 경영하는 회사, 공장 등에서 조선인 노동자조차 고용하지 않으므로 조선인 학교 출신자를 채용하는 일은 거의 없다. 일본교직원조합의 교육연구대회에서 교토 대표가 "내가 올해 가르친 학생 중 조선인이 3명 있었다. 모두 중 이상의 성적이었다. 시험 결과 1차는 3명 모두 통과했으나 2차에서는 전부 떨어졌다"[7]고 서술한 사례는 교토만의 현상이 아니다. 개중에는 속이고 일본인 회사에 들어갔으나 신원 조사에서 들켜서 내쫓긴 예도 많이 있다. 조선인 학교 출신자가 일본인 회사나 공장에 취직하는 것이 얼마나 어려운지는 다음의 통계를 보면 그 사정의 일부를 이해할 수 있다. 다음 통계는 일본 내 학교 신규 졸업생 수와 그 중 무직자, 즉 주로 미취직자의 비율을 나타낸 것이다.[8]

	1952년		1953년		1954년	
	신규 졸업자	무직자 비율	신규 졸업자	무직자 비율	신규 졸업자	무직자 비율
	(천 명)	(%)	(천 명)	(%)	(천 명)	(%)
중 학 교	1,747	12.9	1,531	12.0	1,663	8.9
고 등 학 교	586	26.1	680	28.5	716	29.3
대학·전문학교	118	6.0	112	8.0	128	11.7
합계	2,451		2,323		2,507	

즉, 1954년을 보면 중학교 이상 신규 졸업자 250만여 명 중 미취직자는 약 14%인 35만 명이다. 일본인 학교 졸업자가 이와 같은 상태이니

---

7) 앞의 책 『日本にいる朝鮮の子ども』.

8) 労働省, 『労働白書』(1956).

조선인 학교 출신자가 끼어들 여지 따위 있을 리가 없다. 이래서 조선인 학교 출신자는 조선인 기업에서 직장을 구해야 하는데 연간 신규 졸업자 수는 대학생이 약 500명(1955년 현재 재학생 수 2,127명의 4분의 1), 중학생이 약 1만 명(중학생 수 28,935명의 3분의 1), 고등학생은 명확하지 않지만 대체로 약 천 명이라고 하면 조선인의 중학교 이상 신규 졸업생은 약 11,000여 명 정도가 된다. 상급 학교 진학자를 제외하더라도 이만큼의 신규 졸업생을 고용할 수 있을만한 조선인 자주경영은 없다. 그래서 자영업에 종사할 수 없는 자는 졸업과 동시에 실업자가 되는 것이며, 학사가 파친코의 뒤치다꺼리를 하거나 외국군 상대의 매춘 호객을 하지 않을 수 없다. 대다수 조선인 학생에게 학교 졸업은 동시에 취직의 희망이 없는 반영구적인 실업자로의 전락을 의미한다.

그리하여 현재 및 장래에 조선인 실업자는 여러 면에서 늘어나는 추세에 있다. 이 상태가 개선될 조건은 현재 아무 것도 없으며 장래에 새로이 생겨날 가능성도 없다. 재일조선인의 직업 구성이 오늘날 고철·고물집하업과 풍속영업 관계에 집중되고 있는 것은 재일조선인의 장래 생활에 치명적이다. 조선인의 자영업이나 기업이 부진, 붕괴하는 것은 재일조선인의 일부 축재자를 제외한 나머지 모든 사람들이 실업자가 되는 것을 의미한다. 더욱이 현재 이미 조선인 영업이 집중되어 있는 풍속영업은 이와 같은 경향을 현저히 보이고 있다. 여기에 재일조선인 생활의 현재 및 장래의 근본 문제가 있다.

재일조선인은 1952년 현재 이미 직업연령 인구의 60% 가까이가 실업자이나, 그 후에 실업자의 비중은 더 증대하고 있다. 따라서 현재와 장래의 재일조선인 생활은 실업자로서의 생활이며, 제2종적인 직업의 생활이라고 해도 결코 과언이 아니다. 제2종적 직업의 대표적인 것은 일용노동이다. 일본 내 일용노동자의 수급 상태는 노동성의『노동백서

1956년판』에 따르면 다음과 같다. 직업안정소를 통한 일용노동자의 구직과 구인 수에서 이른바 실업률은 1953년이 14.6%, 1954년 14.8%, 1955년 16.4%로 해마다 증가하고 있는 상태이다. 이에 대해서 백서는 "경기 호전에 따른 민간사업 일반의 수요 증가나 실업대책사업의 확대에도 불구하고 구직자가 증가하여 일자리를 얻지 못하는 자가 늘고 있다. 이것은 급증하는 신규 노동인구의 압력 이외에도 일반 구직자나 실업보험 지급 종료자 등이 일용직으로 전락하거나 또는 생활보호 대상자가 노동력화 하는 등의 요인들에 기인하며, 직업안정소의 일용 노동시장이 정체하고 있음을 뒷받침하고 있다. 그런 만큼 일용 노동시장의 실업대책에 대한 의존은 점점 더 심화되리라고 생각된다"고 서술하고 있다. 따라서 일본인 일용노동자가 대량으로 일자리를 얻지 못하고 있는 현재와 장래에 조선인 실업자는 일용노동으로의 취업도 상당히 어려워지게 된다. 이와 같은 사정은 조선인 노동자에게는 실업대책 노동에 등록을 쉽사리 시켜주지 않는 것에도 반영되어 있다. 그렇기 때문에 조선인 실업자에게는 일본인 일용노동자의 생활조차도 바랄 수 없는 것이나, 일본인 근로자 생활에서 최하층의 하나로서 그 생활 조건을 이하에서 조금 검토해보기로 한다.

직업안정소의 실업대책 등록 일용노동자 수는 1951년에 38만 4천 명, 1952년 35만 1천 명, 1953년 34만 4천 명, 1954년 3월 현재 37만 명인데, 이 중 조선인은 1951년 4월 말 현재 10,893명이다. 등록노동자의 최고 평균 가동(稼動) 일수는 지역에 따라 차이가 있지만, 대체로 1개월에 20~25일이다. 임금은 1951년 4월 현재 200엔 60전이었던 것이 1952년 11월에는 248엔 90전이며, 이어서 1954년부터는 능력에 따라 임금이 지불되어 도쿄의 경우는 A의 367엔부터 D의 277엔까지 있고, 비가 오면 D의 60%인 170엔밖에 지급되지 않는다. 지방 도시는 평균

274엔이다.[9] 1인당 실업대책 취업의 월수입은 다음과 같다.[10]

시기	도쿄	오사카	나고야	고베	요코하마	교토
1951년 10월	4,246엔	2,130	2,294	1,751	3,021	2,565
1952년 10월	4,764	3,297	2,774	2,867	3,167	3,644

일본인 일용노동자의 수입은 실업대책 취로만이 아니라 실업대책 이외의 근로 수입이 있다. 세대원의 근로 수입이나 근로 이외의 수입도 있어서 세대당 수입 총액과 수입 구조는 다음과 같다.[11]

		수입 총액	근로 수입 총액	본인 수입	직업안정소 수입	직업안정소 이외의 근로, 기타 수입	기타 세대원 근로 수입	근로 이외의 수입
도쿄	실액(엔)	13,634	12,058	9,188	8,796	392	2,870	1,576
	비율(%)	100.0	88.4	67.4	64.5	2.9	21.1	11.6
교토	실액(엔)	10,851	8,695	6,362	5,981	381	2,333	2,156
	비율(%)	100.0	80.1	58.6	55.1	3.5	21.5	17.9

그러나 조선인 일용노동자의 경우는 직업안정소 등록노동자라도 세대 수입은 이상의 일본인 노동자와 같지 않다. 우선 첫째로 위의 수입표에서 20% 이상을 차지하는 세대원의 수입이 없든가 극히 적다. 다음으로 근로 이외의 수입도 조선인 노동자의 경우는 적다. 조선인 등록노동자의 세대 수입은 일본인 등록노동자의 세대 수입 중 60%를 차지하는

---

9) 森喜一, 『生活 : 政治と対決するもの』(岩波書店, 1955).
10) 失業対策審議会編, 『日本に於ける雇傭と失業』(東洋経済新報社, 1955).
11) 위의 책.

직업안정소 수입에 한정된다. 처가 다른 집에 도우미로 가서 식사를 해결하는 등의 것을 수입에서 제외하면 조선인 등록노동자의 수입은 일본인 등록노동자의 60~70% 정도밖에 되지 않는다.

그렇다면 이상과 같은 일본인 일용노동자의 수입액을 내용으로 하는 생활이란 어떤 것일까. 『노동백서』에 따르면 1954년 일용노동자의 월간 지출은 다음과 같다.

지출 항목	총액	식비	주거비	광열비	피복비	잡비
지출 금액 (엔)	12,167	7,293	745	787	611	2,731

한 달 지출 금액의 총액은 1만 2천여 엔이나 이 금액은 일본인 일용노동자로서도 평균 이상의 것이다. 더욱이 이 수입 총액을 가지고 쓰는 지출에서도 식비 지출은 59.9%이다. 모리 기이치(森喜一)의 연구에 의하면 식비율이 나타내는 생활 정도의 내용은 다음과 같다.

엥겔계수	생활 정도
25%	여유 있는 생활
30	다소 여유 있는 생활
35	위안을 가질 수 있는 생활
40	다소 위안을 가질 수 있는 생활
45	건강을 유지할 수 있는 생활
50	생존할 수 있는 생활
55	한계 이하의 생활

따라서 월액 1만 2천여 엔을 지출하는 일본인 일용노동자의 생활도 한계 이하의 생활이다. 그렇다고 한다면 6~8천 엔 정도의 수입으로 생

활하는 조선인 실업자는 어떠한가. 모리에 의하면 "노동과학연구소의 최저생활비 연구를 보면 최저 월수 6,783엔에서는 엥겔계수가 68.6%"이다. 이것은 조선인 실업자의 생활이 한계 이하의 생활일 뿐만 아니라, 엥겔계수 65% 이상이라는 말 그대로 끼니를 이을까 말까의 가난한 생활임을 나타낸다. 1930~1935년 사이 일본 각 도시에 거주하는 조선인 생활조사에서 엥겔계수는 50~55%이며, 위의 수치로 말하면 "생존할 수 있거나", "한계 이하의 생활"이었다. 가령 엥겔계수를 비교하더라도 조선인 실업자 생활의 참상을 이해할 수 있으나, 문제는 이런 엥겔계수의 양적인 차이가 의미하는 단순한 빈곤도의 증가에 있는 것이 아니다. 일본인 일용노동자의 월수입이 1만 2천 엔이고 조선인 실업자의 수입이 6~8천 엔 정도라는 것은 그 수입이 약속하는 실제의 생활 면에서는 단순히 양적인 차이의 문제가 아닌 것이다. 일본인 일용노동자의 수입액이 빠듯하게 최저 생활을 유지하는 정도의 것이라고 한다면 조선인 실업자의 수입액이 의미하는 것은 생활 불능 이외에 아무 것도 없다. 재일조선인의 생활이 흔히 말하듯이 아무리 복잡할지라도 이 단순한 산술 논리를 넘어 극복할 수 있는 것은 아니다. 전술한 일본인 일용노동자의 월수입(도쿄)인 13,634엔을 구체적인 예로 들면, 그 월수입 총액의 11.6%를 차지하는 근로 이외 수입의 약 60%가 빚이다. 이것은 도쿄의 일용노동자의 최저생활비로서 이만큼의 실액이 필요하다는 것, 그렇기 때문에 빚까지 얻어야 함을 보여주는 것이다. 그러므로 현금 수입 6~8천 엔 정도밖에 되지 않는 조선인 실업자에게 그 수입액이 의미하는 것은 바로 생활 불능이다. 이것이 조선인 실업자 전반에 걸쳐 생활보호 문제가 제기되는 이유이다.

〈표 68〉이 제시하는 바와 같이 재일조선인 중에서 생활보호를 받는 사람은 1953년부터 증가 일로에 있으며 1956년 3월 현재 24,185세대

<표 68> 생활 피보호 조선인 수

연도	세대수	인원수	인구 총수에 대한 피보호율
1953년 말	22,021	107,584명	19.39%
1954년 말	(26,603)	129,020	23.19
1956년 3월	24,185	117,073	24.06
1956년 4월 이후	(23,167)	112,361	19.43

( ) 안 수치는 추계

의 117,073명이다. 이것은 재일조선인 총수의 24% 남짓에 해당하며, 일본인의 피보호율이 2% 정도인 것과 비교하면 약 11배 높은 비율이다. 이것은 분명히 이상한 상태이다. 이것을 가지고 일본 내 상업신문은 재일조선인이 생활보호법 적용에서 부당하게 우대받고 있는 것처럼, 혹은 일본의 생활보호법 예산을 불법으로 약취(掠取)하고 있는 것처럼 논하고 있으나 이것은 번지수를 잘못 찾은 것이며, 조선인에 대한 생활보호법 적용의 현 상태는 바로 그 정반대이다. 즉, 조선인에 대한 차별 정책은 생활보호의 적용에서도 결코 예외일 수 없다. 만일 현행 생활보호법이 일본인에게 적용되는 것처럼 조선인에게 적용된다면 재일조선인에 대한 생활보호는 앞서 서술해온 바와 같이 60, 70%를 차지하는 실업자 전부에 적용되어야 한다. 그 경우 재일조선인의 피보호율은 1956년 3월 현행의 3배가 된다. 따라서 재일조선인의 '요보호 생활상태자' 중에서 실제로 생활보호를 받고 있는 것은 그 3분의 1에 불과한 셈이다. 일본 정부의 생활보호법 운용이 재일조선인의 생활 궁핍에서 하고 있는 역할은 이러한 것이다. 보호율에서 그럴 뿐만 아니라 보호 금액 및 기타 보호 내용에서도 마찬가지이다. 생활보호가 이처럼 조선인에게 차별적으로 적용되는 하나의 예증은 <표 69>가 보여주고 있다.

<표 69> 재일조선인 세대인원별 피보호 세대수

세대원 수	피보호 세대수	1	2	3	4	5	6	7	8인 이상
일본인 세대수	636,077	175,500	99,279	96,574	90,211	71,959	49,652	29,511	23,391
비율	100%	27.6	15.6	15.2	14.2	11.3	7.8	4.6	3.7
조선인 세대수	22,021	2,236	1,612	2,573	3,400	3,458	3,307	2,616	2,819
비율	100%	10.1	7.3	11.6	15.4	15.8	15.0	12.0	12.8

厚生省, 『社会福祉統計年報』(1953)에 의함

즉, 피보호 세대를 세대인원별로 일본인과 조선인으로 나누어 보면 일본인의 경우는 세대원 수가 적을수록 피보호 세대수가 많지만, 조선인의 경우는 세대원 수가 많은 세대에 피보호 세대가 집중해 있다. 이것은 무엇을 의미하는가. 세대원 수가 많지 않으면 보호법을 적용해주지 않음을, 바꾸어 말하면 조선의 "죽지 않고는 도와주지 않는다"는 속담처럼 빈곤이 움직일 수 없는 증거에 의해 입증되지 않는 한 조선인에게는 생활보호법이 적용되지 않음을 의미한다.

이리하여 조선인에게는 일본국헌법에서 정한 최저생활 보장이 형식적으로도 적용되지 않고 있다. 그 결과 조선인 실업자의 생활은 일본인 일용노동자뿐 아니라 생활보호 수급자인 일본인 빈곤자와 같은 선상에서 비교할 수 없을 정도로 훨씬 열악한 상태에 있다. 따라서 현행 생활보호법에 의거해서는 조선인 실업자의 생활 불능 상태는 구제받지 못하며, 앞으로도 구제받을 수 없다. 1956년 4월부터 생활보호는 "재정 면의 제약으로" 감소되었고, 그 삭감 정책은 조선인 피보호자에 집중된 느낌이다. 1956년 3월부터 4월에 걸쳐 조선인 피보호 세대에 대한 일제 재조사가 전국적으로 경관(警官) 대동하에 이루어졌다. 그 결과 다음과 같이 삭감이 이루어졌다.[12] 즉, 부조비 폐지 4,717명, 부조비 정지 1,189명, 부조비 감액 7,252명, 부조비 증액 1,325명이다. 부조 금액은 조선인에 대한 부조비의 27.7%가 삭감되어 "연간 47,445만 엔 짓 남게" 되었다. 이 삭감이 조선인 실업자의 생활 개선에 의해 이루어진 것이 아니라 단순히 재군비를 위해 필요한 재정적 이유에서 이루어진 것임은 두말할 것도 없다.[13] 조선인 생활 상태의 악화에 역행하면서 강행된 조선인에 대한 이와 같은 생활보호의 삭감은 장래 점점 더 생활보호법이 조선인의 빈곤에 대한 구제 수단이 될 수 없음을 시사하는 것이다.

재일조선인의 현재 상태로 볼 때 가까운 장래에 일부 축재자와 그 근친자를 제외하고 전반적으로 실업화하는 것은 불가피해 보이나, 이상과 같은 조선인 실업자의 객관적 조건이 의미하는 것은 바로 생활 불능이다. 따라서 재일조선인 생활의 장래는 빈곤화뿐만 아니라 빈곤의 극한에서 오는 생활 불능에 있다. 일본 정부가 이 빈곤과 생활 불능을 구제할 전망은 없다. 또한 재일조선인 자체로서 이런 정세를 타파할만한 어떠한 수단도 갖고 있지 않다. 구체적으로 말하면 직업안정소의 알선으로 일하는 일용노동자가 어떻게 생활을 개선할 수 있겠는가, 하물며 일용노동도 할 수 없는 상태에서는 더 말할 것도 없다. 이처럼 재일조선인은 가까운 장래에 실업과 빈곤이 초래하는 생활 불능 상태로 인해 전반적으로 귀환 문제에 당면하지 않을 수 없다.

---

12) 『朝日新聞』 1956년 5월 24일자.

13) 필자가 조사한 도호쿠지방 소도시에서도 총 41세대 중 생활보호 수급자는 37%인 15세대였으나, 1956년 3월의 일제 조사에서 9세대가 생활보호를 정지당하고, 그 중 3세대가 의료보호로 전환되었다. 그 밖에 생활보호 수급 1세대가 보호 금액을 삭감 당했다. 생활보호 수급의 '극하(極下)' 세대는 그대로 남고, '하'에서 생활보호를 받고 있던 세대자는 전부 중지 당했다. 이 소도시에서의 일제 조사는 냉혹하며, 어떤 의미에서는 철저했다. 생활보호 중지 결과로서 거지 1명이 생겼다.

4. 귀환 전망

재일조선인이 귀환을 고려할 때는 물론 고향으로의 귀환을 먼저 생각한다. 〈표 70〉의 출신지별 조사에 의하면 재일조선인의 93.6%가 대한민국 정부 치하의 이른바 남조선 출신자이며, 조선인민공화국 정부 치하의 북조선 출신자는 겨우 2.4%에 불과하다. 따라서 재일조선인이 일본에서 생활을 유지할 수 없게 되어 귀환을 생각한다고 한다면 그것은 물론 남조선으로의 귀환이다.

〈표 70〉 재일조선인 출신지별 인원

정부별	도별	출신 인원수	비율
대한민국 정부	경 기 도	6,914명	1.3%
	강 원 도	3,848	0.7
	충청북도	11,054	2.0
	충청남도	13,209	2.5
	경상북도	131,926	24.0
	경상남도	196,894	37.0
	전라북도	16,202	3.0
	전라남도	59,425	11.1
	제 주 도	64,117	12.0
합계	–	503,589	93.6
조선인민공화국 정부	강 원 도	1,924	0.4
	황 해 도	2,509	0.5
	평안남도	2,382	0.4
	평안북도	1,791	0.3
	함경남도	2,645	0.5
	함경북도	1,502	0.3
합계	–	12,753	2.4
기타	불명	12,569	2.4
	기타	8,843	1.6
합계	–	537,754	100.0

篠崎平治, 『在日朝鮮人運動』에 의해 작성

그렇다면 남조선을 지배하고 있는 대한민국 정부 치하의 생활 상태는 어떠한가. 미국으로부터 거액의 원조를 받았음에도 대한민국 정부 치하의 인민 생활 상태는 극도로 나쁘다. 8·15 후의 혼란과 파괴 위에 덮친 전쟁재해에서 조금도 회복되고 있지 않을뿐더러 경제의 부흥 건설과 인민 생활의 개선이 정책적으로 경시되고 있다. 오늘날 대한민국 치하의 일반 대중이 얼마나 참혹한 고통에 허덕이고 있는지의 참상은 모든 신문·잡지에 보도되고 있지만, 그 한 예를 한국의 우익신문의 편집자가 서술하고 있는 것에서 보면 다음과 같다.[14]

　헌병과 경찰의 횡포는 인권의 그림자조차 찾아볼 수 없고 비상사태라는 미명하에 청년은 군대에, 장년은 징용에 속박당할 뿐만 아니라, 미국의 원조에도 불구하고 국민의 생활은 날이 갈수록 힘들어졌다. 그도 그럴 것이 한국의 경제 상태는 방대한 국방비 때문에 밑바닥까지 떨어졌다. 1953년도, 1954년도 보다 낫다는 1955년도 세입 세출은 202억 엔의 적자를 보았고, 그 중 국방비는 전체 예산의 54%, 내무부비는 15%, 이것만으로도 전체 예산의 69%에 해당한다. 나머지 31%를 10개 부처가 나누어 사용해야 한다. 게다가 외무부와 법무부를 제외하면 재무, 문교, 농림, 상공, 보건사회, 교통통신 등 어느 부를 보더라도 돈이 필요한 곳뿐이고, 이렇게 되면 부흥부에 충당할 돈 따위 있을 리가 없다. 과대한 세금으로 사업은 잘 되지 않고 동력 부족으로 공장은 가동되지 않으며, 농촌의 궁핍도 농산물 가격과 농기구, 비료, 일용품의 심한 협상(鋏狀)가격차 때문에 거의 참상에 가깝다. 230만의 실업자, 200만 이상의 결핵환자, 100만에 가까운 상이병, 전쟁고아, 전쟁미망인…… 국민의 99%에 달하는 이 절대 다수의 불평, 불만, 원성을 생각하라.

다음으로 일본에서 발행되고 있는 『해방신문』의 보도에 의하면 남조

---

14)　金三奎, 『今日の朝鮮』(河出書房, 1956).

선의 경제 상태는 다음과 같다. 물가는 1945년 당시의 1,648배, 취업 노동자 25만 명에 대해 실업자는 200만 명, 공업부문의 생산고는 8·15 시점과 비교해서 방적이 43%, 금속공업은 10%, 시멘트공업은 12% 미만과 같은 상태이며, 또한 재일조선인과 밀접한 관계에 있는 농촌의 상태는 1정보 이하의 영농 농가가 전체 농가의 80%이며, 5단(反) 이하 영농 농가가 전체의 45%를 차지하여 영세농화는 8·15 이후 훨씬 더 진전되었다. "고율 소작료제가 유지되고" 그 밖에 강제 공출이 계속되고 있기 때문에 왕왕 자가(自家) 식량미나 볍씨까지 수탈당하는 상태이다. 그리하여 "한국은행에서 발행한 경제연감에 의하면 1954년도 1년만으로도 약 100만 명의 농민이 이농했다. 또 1955년은 풍작임에도 1956년 3월 현재 이미 양식이 떨어진 농가가 33만 호를 초과했으며, 5월 말에는 경상북도만으로도 도내 농가 전체의 60%에 해당하는 23만여 호가 양식이 떨어졌다"고 한다.

이 보도는 조선 농민의 일본으로의 배출이 가장 활발히 이루어졌던 1930년 전후의 남조선 농촌 상황을 방불케 한다. 이런 사정은 정치 면에서 중세기적인 암흑상과 더불어 신문·잡지뿐만 아니라 그 밖의 방법으로도 재일조선인 사이에 널리 전해지고 있다. 그 결과 재일조선인의 머리에는 대한민국 치하의 남조선의 상태가 일종의 연옥과 같다는 인상이 뿌리깊이 각인되어 있다. 그것이 경우에 따라서는 얼마간 과장된 것이고(예를 들면 위에 인용한 연간 100만 명의 이농과 같은 것), 그러한 사고가 얼마나 자민족에 대한 모멸인지 돌아보지 않은 채 '연옥'이라는 인상은 재일조선인 개개인 사이에 하나의 고정적인 기성 관념이 되었다. 따라서 일본에서의 생활이 아무리 고통스러워도 고향이 있는 남조선으로의 귀환은 처음부터 고려되지 않았다. 귀환해도 생활할 수 없다는 것이 너무나도 분명하기 때문이다. 설령 남조선으로의 귀환을 고려한다고 해도 재일조선인 생활의 여러 조건에서 볼 때 그것은 조국 귀환임에도 불구하고 다음과 같은 것에 불과하다.

첫째, 재일조선인은 고향이 농촌이고, 세대주의 80, 90%나 농민 출신이다. 따라서 귀환 후의 생업은 농업인데, 8·15 이후에 더 악화된 영세 영농 상태에서 토지를 확보할 전망은 없다. 게다가 영농자금도 없으며, 남조선의 농촌 상태로는 농업노동자로서 생계를 꾸릴 전망이 전혀 없다.

둘째, 공업 및 기타 산업으로의 취로도 "200만 명 이상의 실업자가 있다"고 표현되는 상태에서는 불가능하다.

셋째, 재일조선인 세대주는 일본에 건너온 지 이미 몇 십 년이 되어 대부분 고향은 단지 조상의 선산이 있는 곳에 불과하다. 따라서 조선으로의 귀환은 실질적으로는 일종의 이민이다. 이민과 같은 귀환을 해야 하는데 준비된 자금이 있는 것도 아니고 한국 정부가 무언가 원조를 해주는 것도 아니다. 따라서 의지할 데는 친척, 지인뿐인데 힘이 되어줄 수 있는 친척, 지인이 있는 사람은 재일조선인 중에서 극소수이다.

넷째, 따라서 남조선으로 귀환한다고 해도 취로와 생활이 보장될 전망은 거의 없다. 오히려 현재의 정세에서 볼 때 남조선에 가도 일본과 마찬가지로 생활할 수 없다는 것은 명백하다. 기다리고 있는 것은 혼란과 실업과 기아뿐이다. 그렇다면 일본 내에서 생활을 꾸려갈 수 없다고 해서 남조선으로 귀환하는 것은 아무런 구제도, 생활 문제의 타개도 되지 않는다. 그뿐만 아니라 어려움이 더 가중될 뿐이다.

다섯째, 재일조선인 세대는 일본인 처를 둔 자도 많고, 2세의 청소년이 있다. 이 사람들에게는 조선은 미지의 세계이고, 언어, 풍습을 충분히 혹은 전혀 알지 못한다. 그러므로 경우에 따라서는 귀환 시에 세대를 정리해야 하는데 이 점이 더 나아질 것 없는 귀환을 저지하는 데 결정적인 역할을 한다.

가까운 장래에 한국의 이런 상태가 개선될 전망은 적으므로, 따라서 재일조선인의 생활이 아무리 힘들어져도 남조선으로의 귀환이 대량으로 일어날 일은 전혀 없다고 해도 결코 과언이 아니다.[15]

그렇다면 북조선 쪽은 어떠한가. 조선인민공화국 정부의 재일조선인 귀환 문제에 대한 준비는 대한민국 정부와는 반대로 용의주도하다. 그것은 구체적으로는 '공화국 내각명령 제53호'에 의해 준비되고 있다. 그 내용을 『해방신문』(1956년 6월 28일자)에서 보면 다음과 같다.

이 명령은 귀국하는 조선 공민을 일정한 기간 휴식시킬 장소를 준비하고, 일체의 생활 조건을 보장하며, 그들의 희망과 기능에 따라 적당한 직장을 알선할 것을 지적하고 있다. 그리고 귀국하는 조선 공민이 농업, 수공업, 상업 등에 종사할 것을 희망하는 경우는 볍씨, 비료 및 필요한 영농자금 또는 해당 기업 자금을 대여할 것과 주택을 우선적으로 보장해줄 것을 지적하고 있다. 귀국하는 조선 공민들의 자녀를 위해서는 그들의 거주지에 있는 각급 학교에 입학시키고, 생활이 안정될 때까지 인민, 초·중학생에게는 학용품을 무상으로 공급하며 고등, 전문, 대학생에게는 장학금과 물자 우대를 적용하도록 하고 있다. 또한 귀국하는 조선 공민에게는 누구나 하복, 신발, 여름 셔츠, 모포를 무상으로 지급하며, 생활 준비금으로 1인당 2만 엔(15세 이하의 아동은

---

15) 半沢弘, 「在日朝鮮人: 李圭善の生活と思想」, 『思想の科学』第1卷 5号 (1954)에 의하면 병든 남편과 파친코 가게에서 일하는 딸이 있고, 본인은 190엔의 실업대책 노동을 하고 있는 이규선은 "시의 후생과에 의료보호를 신청했으나, 조사하러 온 담당 관리는 텅 빈 장롱을 열고 실내를 둘러본 뒤 '미싱과 라디오가 있지 않느냐'는 말을 남기고 돌아가 버렸다"며 귀환 문제에 대해 필자에게 다음과 같이 답했다. "나도 돌아가고 싶은 마음은 굴뚝같지요. 그러나 지금 남조선으로 돌아간다고 해도 먹고 살 수 없다는 건 다들 알고 있지 않습니까. 그러니까 이러고 있어요." 또 장래의 희망에 대해서는 "가능하면 밑천을 마련해서 술집을 해보고 싶습니다". 필자가 말하는 바와 같이 이규선은 재일조선인 대부분의 '생활과 사상'이기도 하다.

1인당 1만 엔)을 지급하고, 환자가 있을 경우는 국가 치료예방기관에서 우선적으로 의료상의 원조를 해줄 것을 지적하고 있다. 앞으로 일본의 조선 공민이 개별적 또는 집단적으로 귀국할 경우에도 이 명령은 적용된다."

이것만 가지고도 조선인민공화국 정부에서 재일조선인 귀국자의 수용이 얼마나 진지하게 고려되고 있는지를 이해할 수 있다. 그러나 재일조선인의 북조선으로의 귀환이 이루어지는 것은 아직 장래의 일이다. 그것은 미국 및 한국 정부가 귀환을 방해하기 때문이 아니라(이런 방해는 서서히 해결되고 무력화될 것이다), 남조선에 고향을 둔 재일조선인이 북조선으로 귀환하는 것은 한층 더 이민과 같은 성격을 띨 것이기 때문이다. 직업과 생활의 보장에 대해서는 의심이 없으나, 문제는 북조선에서 어떤 생활이 주어지고 보장되는가에 있다. 공산주의나 사회주의를 신조로 하고 있는 자에게도 미지의 북조선인민공화국 현 정부의 정치에 대한 약간의 불안은 부정할 수 없다. 더욱이 일본 국내에서 적기(赤旗)나 인민공화국 국기를 흔드는 것과 북조선에 가는 것에는 생활의 논리로서 하나의 비약이 필요한 듯이 보인다. 특히 지식인이나 상인 등의 이런 주저는 매우 크다. 따라서 재일조선인의 북조선으로의 이민적 귀환이 일반적으로 이루어지기 위해서는 현실적인 왕래를 통해 이것이 여러 차례 확인된 후가 아니면 실현되기 어렵다. 그 이전에 북조선으로의 귀환이 학생, 독신 성인과 생활 곤궁자의 일부에서 계속되겠지만, 그 총수는 그다지 많지 않으리라는 것이 당연한 예상이다.

그러므로 가까운 장래에 궁핍화가 극에 달해 전반적으로 생활이 불능 상태에 빠져들어 재일조선인은 귀환 문제에 당면하지 않을 수 없게 된다고 하더라도, 그로 인해 남조선 또는 북조선의 어느 쪽으로라도 귀환 현상이 일반적으로 일어날 수 있는 전망은 우선 없다.

제4장

결어

1. 일본 정부의 조선인 정책

아사히신문의 보도에 의하면 일본 정부의 구라이시(倉石) 노동대신은 각의 석상에서 북조선으로 귀환하는 사람들의 선편이 문제가 되었을 때, 조선인에 짐표를 붙여서 우송할 수는 없는가라고 말했다. 이것은 물론 농담이겠지만 일본 정부의 조선인 정책의 본질을 상당히 잘 나타낸 것이다. 일본 정부의 재일조선인에 대한 근본 정책은 송환 정책에 있다. 원래 조선인은 일본의 노동력 보충 요원으로서 임금수준에 대한 누름돌 작용의 의미로 '이입'된 사람들이다. 현재 산업노동 예비군의 수는 장래 어떤 사태가 일어나건 일본 내에서 노동력 부족 따위는 몽상할 수도 없을 정도로 많다. 따라서 일본의 지배계급에게 재일조선인은 성가신 존재에 불과하다. 이런 뜻의 발언은 재일조선인 문제에 대한 일본 정부의 여러 성명이나 일본 내 상업 저널리즘 하나하나에 나타나 있다. 그러나 가장 구체적이고 노골적으로 이런 일본 정부의 조선인 근본 정책이 표현되고 있는 것은 말할 필요도 없이 '출입국관리령'이고 '외국인등록법'이다. 물론 두 법령 모두 일본인 이외의 왕래 외국인 전반을 대상으로 한 것이지만, 그 조문 및 규정의 과반은 조선인의 존재를 전제로 해서 만들어진 것이며, 또한 조선인 송환의 근본 정책을 구현하기 위해 성립된 것이다. 입법 정신에서 그러하고 법문 내용에서 그러하다.

출입국관리령은 제4조에서 재류자격을 규정하고 있다. 즉, 일본에 상륙한 자에 대해 재류(在留)를 허가하느냐 마느냐의 규준이다. 그런 의미에서 제4조는 어느 국가에서나 볼 수 있는 일반적인 것이나, 이 재류허가 규준이라는 것을 그대로 주재 외국인에 대한 강제퇴거의 규준으로삼은 데에 이 법령의 조선인 대책으로서의 성격이 숨어 있다. 이 법령제24조는 주재 외국인의 강제퇴거를 규정하고 있는데, 그것은 제4조의내용과 마찬가지로 다음과 같은 것이다.

제24조 제4항
ハ. 나환자
ニ. 정신병자
ホ. 빈곤자, 방랑자, 신체장애자 등으로 생활상 국가 또는 지방공공단체의 부담이 되고 있는 자
ヘ. 외국인등록에 관한 법령의 규정을 위반하여 금고 이상의 형에 처해진자, 단 집행유예의 언도를 받은 자를 제외한다.
チ. 마약류 단속 위반자
リ. 1년 이상의 징역 또는 금고에 처해진 자
ヲ~ワ. 폭력파괴적인 단체의 가입자, 폭력파괴를 교사·선전한 자
ヨ. 법무대신이 일본국의 이익 또는 공안(公安)을 해치는 행위를 했다고인정하는 자

따라서 출입국관리령 제24조는 다른 외국인에게 큰 영향이 없다고 해도 재일조선인에게는 생사를 좌우하는 성질의 것이다. 현재 재일조선인의 존재 방식에서 볼 때 제24조가 규정대로 운용된다고 하면 강제퇴거에 걸리지 않는 자는 예외에 속한다. 우선 생활보호 수급자는 이에 해당

한다. 일용노무자로 실업대책사업에 종사하는 자도 포함되게 되면 실업자인 재일조선인의 60, 70%의 대부분은 강제퇴거에 해당하게 된다. 폭력파괴도 해석 나름이고 필요하면 날조도 가능하므로 정치문화 단체에 관계한 것도 경우에 따라서는 강제퇴거의 이유가 될 수 있다. 여기에는 법무대신이 "인정하는 공안을 해치는 행위를 한 자"의 규정도 이중으로 덧붙여져 있다. 일 년 이상의 징역금고형자도 조선인 일반의 생업 상태에서는 생기기 쉽다. 이상의 어느 조항에도 해당하지 않는 자도 결코 '강제퇴거'에서 안전할 수는 없다.

예를 들면 외국인등록수첩을 잊고 외출했다고 하자. 그것은 '외국인등록법' 제18조의 죄에 해당한다. 제18조에는 외국인등록수첩을 휴대하지 않는 것, 제시하지 않는 것, 등록 시 지문날인 거부 등 7개 항목에 관한 벌칙이 규정되어 있으나, 휴대하지 않은 죄라도 "1년 이하의 징역 또는 금고, 3만 엔 이하의 벌금에 처한다"고 되어 있다. 그러므로 삼단논법 식으로 말하면 불휴대죄—단기간의 금고 또는 징역—강제퇴거가 되고, 등록수첩을 휴대하는 것을 잊었다는 이유로 오무라(大村)수용소(1950년 나가사키(長崎) 오무라시에 설치한 한국으로 강제 퇴거시킬 자를 일시 수용하는 시설—옮긴이)에 가게 될지도 모른다. 그러니까 "옷을 갈아입을 때마다 일일이 '수첩'을 확인해야 하고, 차 한잔 하러 나갈 때도 이발소에 갈 때도 그때마다 '수첩'이 있는지 신경을 써야 한다는 것은 정말 바보같기 그지없으나",[1] 이런 바보 같은 일을 일본 정부는 재일조선인에게 실제로 강요하고 있다.

그것은 외국인등록법이나 출입국관리령의 세부가 외국인에 대한 일반적인 단속으로서 있는 것이 아니라 재일조선인의 강제송환에 그 목표

---

1) 金素雲, 『アジアの四等船室』(大日本雄弁会講談社, 1956).

가 있기 때문이다. 출입국관리령이 그 규정대로 운용되었다면 재일조선인 모두가 강제송환의 고통을 당하리라는 것은 다수의 의견이 일치하는 바이나, 출입국관리령이 목표로 하는 바도 바로 여기에 있다. 출입국관리령에 구현되어 있는 이와 같은 재일조선인 전반의 강제송환이 일본 정부의 근본 정책이고, 또 이것이 일본 정부의 재일조선인 문제에 대한 유일한 정책이 아닐까 생각된다. 조선인이라는 민족 집단이 일본 내에서 극단적인 실업과 생활 곤궁에 빠져 그 높은 비율의 범죄가 사회적으로 논의되고 있음에도 불구하고, 일본 정부는 이에 대헤 치안력과 조선인 단속 강화 외에는 하등의 대책도 강구하지 않고 거의 관심도 보이지 않는다. 그뿐인가. 생활보호 중단과 삭감에서 보이는 바와 같이 조선인 생활의 실태와 역행하는 정책이 굳이 취해지고 있다. 이것은 일본 정부의 조선인 정책이 송환에만 관심이 쏠리고 있음을 입증하고도 남음이 있다.

일본 정부는 이미 조선인 강제송환의 첫걸음을 내딛었다. 1951년 10월부터 시작된 한일회담이 그것이며, 전과자와 외국인등록법 위반자의 오무라수용소 수용이 그것이다. 일본 정부가 재일조선인에 대한 근본 정책으로서 기도하고 있는 점차적인 강제송환이 아직 전면적으로 시동되지 않은 것은 단순히 한일회담이 정체되고 있기 때문이며, 일본 정부는 단지 '정세를 기다리고' 있는 데 불과하다는 점을 명심해야 한다.

2. 한일회담과 한국 정부

일본에 있는 조선인의 국적은 총사령부 외교국(外交局－원문에는 外資局이나 외자국은 일본 대장성의 조직으로 1946년 理財局으로 개편되어 1950년 당시에는 존재하지 않음-옮긴이)이 일본 정부에 보낸 '외국인의 해석'이라는 제목의 각서(1950년 6월 27일자)에 의하면, "그 국적은 평화회의 및 향후 체결될 일본과 한국 간 조약에서 최후 결정이 내려지기까지는 미결정"이라고 되어 있다. 따라서 일본의 강화조약 체결을 앞두고 개시된 한일회담에서 재일조선인의 국적 문제가 토의된 것은 말할 것도 없다. 그리고 1952년 4월 1일까지 '재일조선인의 국적 및 일본에서의 처우에 관한 협정'이라는 것이 타결을 보았고, 그것은 현재도 한일 간 교섭에서는 이미 해결된 문제로 처리되고 있다. 신문에 보도된 그 내용은 다음과 같다. 첫째, 재일조선인의 국적은 본인의 의사와 상관없이 한국에 있다. 둘째, 재일조선인 중에서 일본에 영주를 희망하는 자는 일본의 강화 발효 후 2년 이내에 외국인으로서 정식 등록증명서와 한국 정부 발행의 국적증명서를 제출하면 영주 허가를 부여한다. 셋째, 기타 조선인의 강제송환은 5년 이내는 하지 않는다.

　한일회담은 현재 교착상태인데 어쨌든 가까운 장래에 타결될 것이다. 그렇다면 이 국적 및 처우에 관한 협정은 그대로 재일조선인에게 적용된다. 영주허가협정의 내용이 어떤 것인지 그 상세한 내용을 알 수 없지만 이것은 물론 귀화를 의미하는 것은 아니다. 영주 허가를 받은 자도 여전히 현행 외국인등록법과 출입국관리령의 적용을 받는 것에 변함은 없다. 따라서 외국인등록수첩을 깜박한 것만으로도 강제송환될 위험성을 영주 허가를 받은 자라고 해도 면하기 어렵다고 한다면, 이 경우의 영주 허가는 강제송환에 부치지 않고 거주 그 자체는 원칙적으로 인정한다는 원칙의 확인에 불과하며 형식적인 내용을 수반하지 않는 것이다. 영주 허가는 출입국관리령의 적용 여하에 따라서는 영주 허가가 아닌 것이다. 만일 영주 허가의 내용이 이상과 같은 것이라면 한일 양국 간에 타결된 '재일조선인의 국적 및 처우의 결정'은 한국 정부가 일본 정부로부터 재일조선인의 국적이 한국임을 확인받는 대신 일본 정부의 강제송환 정책을 승인한 셈이 되고, 재일조선인의 강제송환을 일본 정부의 재량에 맡긴 것이 된다. 그러므로 한국적의 확인도 처우의 결정도 일본 정부에게는 참으로 안성맞춤이었다고 하지 않을 수 없다.

그러나 이런 협정은 재일조선인에게 일대 위협일 뿐만 아니라 한국 정부에게도 결코 현실 문제로서는 좌시할 수 없는 것이다. 그것은 이미 전과자의 강제송환 문제로서 제기되고 있다. 즉, 한국 정부는 일본에서 송환하는 전과자의 수용을 거부하고 있고, 그 석방을 한일회담 재개의 조건 중 하나로 제시하고 있다. 전과자의 강제송환은 출입국관리령에서 규정하고 있다. 따라서 전과자의 일본 국내에서의 석방 문제는『마이니치신문』이 사설(1956년 4월 27일자)에서 "석방 교섭에서 이 건에 국외 퇴거를 적용하지 않는다는 원칙이 관철되면 외국인이 아니라는 것을 인정해버리는 것과 같다. 조선인은 외국인이며, 따라서 죄를 지으면 국외 퇴거 명령의 대상이 된다는 원칙은 매우 중대하고 양보할 수 없다. 이것은 일본의 주권의 문제이다"라고 지적한 바와 같이 주권 문제가 되기도 한다. 그러나 한편으로는 전과자 강제송환의 수용은 결과적으로 전반적인 강제송환의 수용을 초래하지 않을 수 없다. 그것은 재일조선인의 상황과 출입국관리령의 내용에서 볼 때 너무나도 명백하다. 그러므로『마이니치신문』이 경성특전(特電)(1956년 5월 3일자)으로 전한 한국 정부의 의향, "만일 이러한 일이 실현되면 사소한 위반 행위를 범해도 곧바로 국외로 추방되어, 일본에 있으면서 일군 재산을 잃게 된다. 따라서 한국은 일방적인 조치에 굴할 수 없다"는 것도 당연한 이야기이다.

한마디로 말해 한국 정부는 재일조선인 귀환자나 송환자를 받아들일 여지가 없다. 한국 정부의 지도자에게 그 파멸적 경제 상태와 인민 생활의 현 상태에서 다시 40, 50만 명의 빈곤자가 송환되는 것은 결코 기뻐할 현상이 아니다. 따라서 한국 정부는 재일조선인의 국적은 한국이라고 그 소유권은 주장하지만, 한국 내 민생대책에서와 같이 거의 하등의 보호도 관심도 재일조선인에 대해서는 기울이지 않고, 실제로 남조선으로 귀환한 자에 대해 조금의 보호 정책도 원조도 부여하지 않고 있다. 한국 정부의 재일조선인에 대한 정책의 현 상태는 어디까지나 한국인으로서 일본 내에 머물게 하는 데 있다. 그 이상의 정책도 관심도 구체적으로는 전혀 없다고 해도 좋을 정도이다. 그러므로 일본 정부가 한일회담에서 설령 강제송환 정책을 한국 정부에 어떤 방법으로 용인시켰다고 하더라도 현실적인 운영에서는 일본 정부의 '점차적인 강제송환'을 한국 정부는 받아들이지 않으리라고 생각된다.

그 결과 초래하는 것은 재일조선인의 수난이다. 이미 전과자, 기타 천 명에 가까운 사람들이 몇 년간이나 오무라수용소에 수용된 채로 언제 타결될지 모르는 한일회담에서의 결착을 기다리고 있는 비인도적인 일이 태연하게 벌어지고 있다. 재일조선인에게 이것은 결코 자업자득이 아니다. 일본 정부의 송환 정책과 한국 정부의 수용 거부 정책의 희생일 뿐이다. 이번 한일회담이 타결된다 해도 일본 정부의 송환 정책이 견지되고, 한편으로 한국에서의 파탄 상태와 한국 정부의 재일조선인에 대한 무관심이 계속된다면 앞으로도 이런 종류의 희생이 보다 많이 재일조선인에게 강제될 것이고, 보다 많은 재일조선인이 오무라수용소에서 신음해야 하리라는 것은 명백하다.

3. 남일 외상의 성명

1954년 8월 30일 북조선인민공화국 남일(南日) 외상은 재일조선인 문제에 관한 이른바 남일성명이라는 것을 발표했다. 그 내용은 "일본 정부는 일본에 살고 있는 조선인이 자기 조국의 자유와 통일 독립을 위해 이승만 괴뢰 일파와 외국 침략자에 반대해서 싸울 자유를 억압하고 그들의 활동을 탄압할 뿐만 아니라, 조선민주주의인민공화국 공민으로서의 정당한 권리를 무시하고 그들에게 이승만 일파의 이른바 '한국' 국적을 강요해왔다. 또한 그들을 강제적으로 추방하거나 불법 검거를 하는 외에 그들의 재산을 몰수하거나 직업을 주지 않고, 민주주의적인 민족적 권리를 박탈하는 등 일련의 불법적인 박해를 가해왔다. …… 이상과 같은 불법적 박해는 외국인의 법적인 지위에 관해 현행 국제법이 인정하고 있는 원칙과 관례에 대한 난폭한 위반이라고 인정한다." 따라서 "일본에 살고 있는 조선인이 조선민주주의인민공화국 공민으로서의 정당한 권리를 갖고 있음을 인정하고, 그들이 자신의 조국의 자유와 통일 독립을 위해 이승만 일파와 외래 침략자에 반대해서 싸울 자유를 보장하고, 이미 강제 수용한 조선인을 곧바로 석방하고 강제추방을 멈추며, 일본에 있는 조선인의 거주와 취업의 자유, 생명 재산의 안전 및 민주주의적인 민족교육 등 일체의 정당한 권리를 보장하고, 불법으로 몰수한 일체의 재산을 본래로 환원할 것을 요구한다"는 것이다.

이 성명은 재일조선인 문제에 대한 북조선 정부 당국의 획기적인 발언으로 그 근본 방침을 명확히 한 것이다. 그 중에서도 가장 중요한 것은 재일조선인은 조선인민공화국의 공민이라는 국적에 관한 점이다. 따라서 재일조선인에 관한 한일협정은 무효라는 주장이다. 조선이 분단되어 북쪽에 조선인민공화국 정부가, 남쪽에 대한민국 정부가 유효한 정부로

서 존재하고 있는 현실에서는 재일조선인이 자동적으로 한국적에 편입
된다거나 한일회담만으로 재일조선인의 처우를 결정하는 것은 편파적
이다. 그러므로 재일조선인은 한일협정에 복종할 의무는 없는 것이기도
하다. 그런 의미에서 남일성명은 그 밖의 내용과 더불어 재일조선인의
의지를 대변한 것이기도 하지만, 같은 의미에서 재일조선인은 북조선인
민공화국의 공민도 아님은 물론이다.

　그러나 남일성명은 재일조선인에게 큰 기쁨과 희망을 주는 것이었다.
그것은 무엇보다도 북조선으로의 귀국 가능성을 부여하는 것이었기 때
문이다. 북조선으로의 귀국 가능성은 일본 내에서 생활 불능에 빠지고
한국으로의 귀환에 절망하고 있던 많은 조선인에게는 큰 광명이었다.

　이런 의미에서는 남일성명은 일본 정부의 의향과도 전혀 상반된 것은
아니다. 일본 정부에게 남일성명은 조선인 정책의 근본인 송환 정책의
실현에 커다란 하나의 새로운 분야를 열어주는 것이기 때문이다. 따라
서 일본 정부는 북조선으로의 귀환을 크게 촉진시키고 싶을 터이나, 구
라이시 노동대신도 언급하듯이 대미 관계나 한국과의 관계에서 충분히
할 수 없는 상황이다.

　이미 북조선 정부 당국은 전술한 바와 같이 재일조선인 귀환자를 수
용할 태세를 갖추고 기다리고 있다. 제1차 귀환자 47명은 1956년 7월
9일 규슈(九州) 미이케항(三池港)에서 승선 직전에 선편을 방해받은 채
아직 해결을 보지 못했으나, 가까운 시일 내에 해결하고 후속 귀환도 실
현되리라고 생각된다.

　그러므로 남일성명은 전후 재일조선인 문제에서 신기원을 이루는 것
이며, 동시에 재일조선인의 존재가 이제 국제적인 논쟁의 대상이 될 것
임을 시사하는 것이기도 하다.

4. 맺음말 : 약간의 대책

현재 일본에는 약 65만 명의 조선인과 준조선인이 있다. 그리고 이들의 대부분이 조선인의 일본 생활에서 예전에 경험하지 못한 정도로 심한 궁핍에 빠져 있다. 조선인은 스스로 장사를 하거나 사업을 일으키거나 또는 그런 조선인 기업에 고용되는 것 이외에는 이 사회에서 직업을 얻을 수가 없다. 더욱이 그 결과로서 조선인의 60% 이상을 차지하게 된 실업자에게 사회 정책적인 생활의 최저보장도 주어지지 않는다. 그리하여 일부의 조선인은 일본의 유치장과 감옥에 넘쳐나고, 대다수의 조선인은 기아적인 생활 조건하에서 신음하고 있다. 그리고 문제는 궁핍이 점점 더 심각해짐에도 불구하고 재일조선인은 이런 처지에서 탈출할 아무런 조건도 스스로는 갖고 있지 않다는 것이다. 이것은 왜일까. 그 책임은 어디에 있는가.

만일 오늘날의 조선인 문제가 재일조선인이라는 존재에서 기인한다면 그 책임은 일본의 사회와 정부에 있다. 조선인은 왜 일본에 건너왔는가. 혹자는 조선에서 생활할 수 없게 되어서 자기들 스스로 온 것이 아니냐고 말할지도 모르지만 그렇다면 왜 조선에서 생활을 할 수 없게 되었을까. 일본의 지배로 조선의 농촌 사회가 파괴된 것은 왜인가. 그것은 말할 것도 없이 일본의 식민지 정책 때문이며 특히 산미증식계획 때문이다. 그러나 이 때문에 몰락한 조선 농민이 자연히 일본으로 건너온 것은 아니다. 도항증명서가 나타내는 일본 정부의 허가를 받아서 온 것이다. 즉, 고향을 떠난 조선 농민이 재일조선인이라는 존재가 된 것은 일본의 산업자본가의 필요성에 의한 것이다. 그런 의미에서는 징용에 의해 건너온 사람도 그 이전에 자발적으로 건너온 사람도 노무자 이입이라는 본질에서는 큰 차이가 없다. 그러므로 재일조선인이라는 존재의 생성은 전적으로 일본 정부가 책임을 져야 한다.

　오늘날 조선인에게 직업이 주어지지 않고, 실업자에게 생활의 최저 보장이 부여되지 않는 것은 차별적 정책 때문이 아니라 의식하지 않을 수 없는 경제 섭리 때문이라고 말할지도 모른다. 즉, 몇 백만 명의 실업자가 있는데 어떻게 조선인에게만 일자리를 줄 수 있겠는가. 또 천만 명을 넘는 빈곤자에다 9천만 명의 인구 압력에 허덕이고 있는 일본에서 어떻게 조선인 실업자의 생활보장까지 할 수 있겠는가라는 것이다. 이것은 분명 하나의 이론이며, 또한 현실의 논리이기도 하다. 그러나 거기에는 재일조선인의 역사로 보아 당연히 일본 사회와 정부가 져야 할 조선인에 대한 티끌만한 책임도 보이지 않으며, 이런 주장은 민주주의 대국 일본이 지녀야 할 국제 도의에 반하는 것이다. 만일 앞으로 이런 무책임한 배덕적(背德的) 견지에서 향후 조일(朝日) 양 민족의 우호가 진전된다면, 그것은 이승만 현 정부의 대일 정책과 맞물려 조일 양 민족이 은원(恩怨)을 잊기는커녕 점점 더 증오를 쌓아가게 만들 것이다. 따라서 실업자가 많아서 조선인에게 일자리가 돌아가지 않고, 빈곤자가 많아서 조선인 실업자에게 최저 생활을 보장할 수 없다고 해서 강제송환 정책에만 몰두하고 있는 일본 정부의 조선인 정책은 너무나도 근시안적이며, 조일 양 민족 우호의 백년대계를 망각하는 것이라고 말하지 않을 수 없다. 재일조선인의 역사에서 볼 때 그러하고, 조일 양 민족의 장래에서 볼 때 그러하다. "일 시킬 때는 똥이나 쓰레기 처리를 맡기더니 혹사시킨 끝에 쫓아 버리는 건 너무 심하지 않나요"라는 에다가와초의 조선인 노파의 말에 일본의 양식 있는 사람들은 어떻게 답할까. 현재 일본 정부가 조선인 대책으로 단 하나 취하고 있는 송환 정책은 재일조선인의 현 실태에서 보아도, 또한 정책적 견지에서도 근본적으로 반성하고, 시정되어야 한다.

그러나 한편으로 재일조선인의 현재의 비운과 수난은 결코 일본의 현실 및 정부의 정책에서만 기인하는 것은 아니다. 그 책임의 반은 조선민족 스스로가 져야 한다. 만일 전후 일본의 현실이 재일조선인에게 하나의 여건이라고 한다면, 그 비운의 책임은 조선민족 자체에게도 있다. 전후가 되어 일본 내에서 조선인에게 일자리를 주지 않고 생활하는 것을 허락하지 않는다면 조선은 일본의 지배에서 벗어났으므로 재일조선인은 조선으로 귀환하면 일본에서의 현재의 수난을 면할 수 있게 된다. 그럼에도 주체적으로나 객관적으로 조선으로 귀환하지 못하고 일본에 재류해야 하는 원인은 어디에 있는가. 그것은 조선이 아직도 분단되어 독립하지 못하고 안주(安住)의 세계가 되지 못했기 때문이다. 조선민족 자체에도 책임이 있는 것인지, 외부 세력의 소행에 의한 것인지는 차치하고 조선으로 귀환할 수 없는 원인이 조국 조선의 분단과 독립의 미완에 있다고 한다면, 재일조선인이 직면하고 있는 현재의 곤경은 한편으로는 조국 조선의 상태에서 기인하는 것이라고 하지 않을 수 없다. 따라서 **재일조선인의 현재 상태는 전후의 조국의 정세에서 기인하는 것이며, 그 비운과 고난은 분단된 조국 조선에 있는 민중의 고난과 상통하는 성질의 것이다.** 이런 인식은 재일조선인이 자신의 문제를 생각하는데 있어 매우 중요하다. **재일조선인 문제 해결의 근본은 일본 정부의 정책이나 일본의 현실에 있는 것이 아니라 바로 조국의 현실에 있으며, 주체적으로는 조선민족 자체에 있는 것이다.** 오늘날 이미 조선 문제의 해결은 조선민족 자체에 달려 있으며 국제 정세에 있는 것이 아니다. 해결 지연의 원인을 국제 정세에서만 찾는 자는 사대주의라는 비난을 면하기 어렵다. 이런 사대주의의 진정한 초극에서만 조선의 분단 상태는 해결될 수 있다.

따라서 재일조선인 문제의 해결은 조선 문제의 해결을 전제로 하지 않고는 해결되지 않는다. 조선의 대중 생활의 고난이 제거되지 않는 한 재일조선인의 고난도 절대로 제거될 수 없다. 그리고 조선 문제의 해결로 재일조선인 문제를 해결하기 위해서는 하나의 전제를 필요로 한다. 그것은 남조선의 토지개혁이다. 남조선의 진정한 토지개혁 없이 재일조선인 문제의 해결은 없다고 단언해도 좋다. 재일조선인의 근원은 남조선의 농민이며 토지를 잃은 남조선 농민의 일본에서의 존재가 재일조선인이다. 따라서 재일조선인의 역사에서 그들에게는 항상 남조선의 토지 문제가 가로놓여 있는 것이다. 많은 재일조선인이 돈을 모아서 사는 것은 일본의 주거도 점포도 아니고 남조선의 땅이라는 것은 전전에도 전후에도 변함이 없다. 그들이 고향의 농촌 사회에서 배출된 원인이 토지에서의 봉건적인 생산관계에 있었다고 한다면, 그들이 고향 마을로 귀환하기 위해서는 이런 봉건적인 생산관계가 청산되어야만 하는 것은 물론이다. 그런 의미에서는 **단순한 통일만으로는 재일조선인 문제의 근본적 해결은 이루어지지 않는다. 남조선의 경자유전(耕者有田) 원칙의 토지개혁만이 재일조선인 문제를 근본적으로 해결하는 것이다.** 이것이 재일조선인 문제의 결론이다.

그렇다면 문제는 남조선의 토지개혁의 실현 여부이다. 이것은 조선의 참된 독립에서만 가능하다. 조선의 참된 독립은 아직 요원하다. 그것은 인도에서와 같이 식민지 민족의 독립이 얼마나 어려우며 장기간의 노력을 필요로 하는지 하나의 새로운 전형을 역사에 남기는 것이며, 주어진 독립이 싼 값이기는 하나 얼마나 내용이 공소(空疎)한 것인지, 또 거기로부터 자력으로 참된 독립을 이루기가 얼마나 힘든 일인지를 보여주는 역사의 좋은 사례가 될 것이다. 따라서 재일조선인 문제의 해결 또한 조선의 독립과 같이 긴 시일을 요하리라고 생각된다. 이것이 재일조선인 문제의 두 번째 결론이다.

　그러므로 오늘날 재일조선인 문제는 현상(現狀)의 추이를 단지 방임
하는 것을 허락지 않는다. 우선 무엇보다도 재일조선인 생활의 궁핍화
라는 현실이 그것을 허용하지 않을 것이다. 그렇다면 그 대책 여하인데,
이런 문제에 대해 더 언급하는 것은 이 글의 목적을 일탈하는 것이므로
일본 정부나 유식자 및 재일조선인 단체 지도자의 연구에 맡기기로 하
고, 그것에 관한 필자의 생각을 간단하게 서술하는 데서 그친다.

　첫째, 한국 정부가 재일조선인을 한국적이라고 권리를 주장한다면,
당연한 의무로서 또한 그 최소한의 것으로서 한국으로의 귀환자에 대해
특별한 원호 정책을 펴야 한다. 경지의 지급, 취직 알선(특히 학교 출신자에
대해), 생활자금의 대여 등 한국의 상황에서 가능한 한에서 이런 정책이
취해져야 한다.

　둘째, 일본 정부는 북조선으로의 귀환을 크게 장려해야 한다. 홍콩까
지의 선임이 운운 되고 있는데, 전전에 일본 정부는 재일조선인 빈곤자
에 대해 여비를 주어 돌려보냈다. 북조선 당국에서 일본인 귀환자에 대
해 귀환자금까지 지급하고 있는 점을 고려한다면 더더욱 그렇다. 연간
20여억 엔의 생활보호금이 조선인에게 지급되고 있는 점에서 보더라도
북조선으로의 귀환에 대해 일본 정부는 특별한 원호 정책을 취해야 한다.

　셋째, 아사히신문이 사설에서 자주 주장하고 있는 바와 같이 일본 정
부와 재일조선인 단체의 대표(좌, 우, 중도를 불문하고)로 재일조선인 생활
대책위원회와 같은 조직을 만들어 재일조선인의 취업, 생활, 교육 등 각
문제에 대해 대책을 협의하고 상호 협력해서 실천해야 한다. (일례를 들면
한국과 북조선에서 요망되는 숙련공을 재일조선인 자녀를 대상으로 일본 내 회사
공장에서 양성하는 것이 입안 실천되는 것 등)

　오늘날이야말로 조일 양 민족의 친선은 진정으로 재출발해야 하며,
그 이니셔티브는 일본 정부와 사회가 잡아야 한다. 일본 정부와 사회의

진실한 노력으로 재일조선인의 귀환 문제나 생활 문제가 적절히 해결된다면 조일 우호의 장래에 큰 초석이 될 것이다.

이런 의미에서 재일조선인 문제에 대한 일본 사회와 일본 정부의 개안(開眼)과 노력이 요망되는 바이다.

【부록】
재일조선인에 관한 문헌목록

1. 총기(總記)

後藤貞治. 『本邦統計資料解説』(叢文閣, 1936)

総理府統計局図書館. 『邦文人口関係文献並資料解題』(総理府統計局図書館, 1951)

朝鮮研究所. 「在日朝鮮人の生活状態及び運動に関する文献・資料 1910~1945年」,
　　　『朝鮮月報』4号 (1957)

内閣統計局. 『国勢調査報告 大正9年』(1923-1926)

_____. 『国勢調査報告 昭和5年』(1931-1935)

_____. 『人口動態統計 昭和15年』(1942)

総理庁統計局. 『人口動態統計 昭和19・20年』(1947)

厚生省大臣官房統計調査部. 『人口動態統計 昭和21年』(1949)

総理府統計局. 『国勢調査報告 昭和25年度』(1951-1955)

_____. 『日本統計年鑑』第6回~

2. 조선에서의 인구 배출 사정

朝鮮総督府. 『朝鮮の人口現象(調査資料 第22輯)』(1927)

_____. 『朝鮮の小作慣行(調査資料 第26輯)』(1932)

姜鋌澤. 『朝鮮農村の人口排出機構』(日満農政研究会, 1940)

東畑精一・大川一司. 『朝鮮米穀経済論』(日本学術振興会, 1935)

朴文圭.「農村社会分化の起点としての土地調査事業に就て」. 京城帝国大学法文学会
　　編.『朝鮮社会経済史研究』(刀江書院, 1933)

印貞植.『朝鮮の農業機構分析』(白揚社, 1937)

久間健一.『朝鮮農業の近代的様相』(西ケ原刊行会, 1935)

＿＿＿＿.『朝鮮農政の課題』(成美堂, 1944)

李清源.『朝鮮社会史読本』(白揚社, 1936)

＿＿＿.『朝鮮読本: 朝鮮の社会とその政治・経済生活』(学芸社, 1936)

京城帝国大学法文学会.『朝鮮経済の研究』(刀江書院, 1929)

3. 재일조선인 생활의 실태 (전전)

内務省警保局.『最近ニ於ケル在留朝鮮人情況』(1925)

大阪市社会部調査課.『朝鮮人労働者問題』(労働調査報告 第28輯, 弘文堂書房, 1924)

大阪市社会部労働課.『バラック居住朝鮮人の労働と生活』(社会部報告 第51号, 1927)

＿＿＿＿＿＿＿＿.『本市に於ける朝鮮人生活概況』(社会部報告 第85号, 1929)

＿＿＿＿＿＿＿＿.『本市に於ける朝鮮人住宅問題』(社会部報告 第120号, 1930)

＿＿＿＿＿＿＿＿.『なぜ朝鮮人は渡来するか』(社会部報告 第123号, 1930)

＿＿＿＿＿＿＿＿.『本市に於ける朝鮮人工場労働者』(社会部報告 第131号, 1931)

＿＿＿＿＿＿＿＿.『本市に於ける朝鮮人の生計』(社会部報告 第143号, 1931)

＿＿＿＿＿＿＿＿.『朝鮮人労働者の近況』(社会部報告 第177号, 1933)

大阪市社会部.『毛馬・都島両橋間に於ける家舟居住者の生活状況』(社会部報告　第
　　223号, 1937)

大阪府学務部社会課.『在阪朝鮮人の生活状態』(1934)

東京府学務部社会課.『在京朝鮮人労働者の現状』(社会調査資料 第7輯, 1929)

＿＿＿＿＿＿＿＿.『在京朝鮮人労働者の現状』(社会調査資料 第25輯, 1936)

京都市社会課.『市内在住朝鮮出身者に関する調査』(調査報告 第41号, 1937)

神戸市社会課.『在神半島民族の現状』(1927)

＿＿＿＿＿.『神戸在住朝鮮人の現状』(1930)

神戸市社会課.『朝鮮人の生活状態調査』(1936)

広島市.『在広朝鮮人生活状態』(1926)

福岡地方職業紹介事務局.『管内在住朝鮮人労働事情』(1929)

福岡地方裁判所·同検事局.『福岡県下在住朝鮮人の動向に就て』(1939)

朝鮮総督府.『阪神京浜地方朝鮮人労働者』(1924)

武田行雄.「内地在住半島人に就て」. 人口問題研究会編.『人口問題資料』 第30輯
　　(1938)

＿＿＿＿.「半島人労働者の内地渡航の必然的傾向に就て」. 人口問題研究会編.『人
　　口問題資料』第35輯 (1939)

4. 재일조선인 생활의 실태 (전후)

〈저서〉

篠崎平治.『在日朝鮮人運動』(令文社, 1955)

李東準.『日本にいる朝鮮の子ども: 在日朝鮮人の民族教育』(春秋社, 1956)

朝鮮研究所.『在日朝鮮人渡航史』(朝鮮研究所, 1957)

〈논문〉

林光澈.「在日朝鮮人問題」.『歴史学研究』1953年特集号 (1953)

「月報: 朝鮮人学校問題に就て」.『歴史学研究』180号 (1955)

元容徳.「吉田政府への公開状」.『民主朝鮮』 第33号 (1949)

李賛義.「危機に立つ在日朝鮮人の生活」.『民主朝鮮』第33号 (1949)

篠崎平治.「在日朝鮮人の生活実態」.『警察時報』8-6 (1953)

高橋正巳.「戦後に於ける外国人(特に朝鮮人)の犯罪」,『法務資料』第331号 (1954)

＿＿＿＿.「敗戦後の日本に於ける朝鮮人の犯罪」.『刑法雑誌』1-2 (1950)

酒井秀雄.「在日朝鮮人運動の実況(1〜6)」.『警察時報』9-11〜10-4 (1954〜1955)

中保与作.「在日朝鮮人団体の性格とその動向」.『自警』37-10 (1955)

半沢弘.「在日朝鮮人: 李圭善の生活と思想」.『思想の科学』1-5 (1954)

金熙明.「在日朝鮮人に関する諸問題」.『花郎』3-3 (1953)

近藤釰一.「在日朝鮮人問題への公開状」.『朝鮮研究』第49号 (1950)

田中寛一.「解放地区枝川町: ルポルタージュ」.『改造』第33巻 9号 (1952)

「民族の命運: 在日朝鮮人はいかに生きるか」.『日本評論』24-7 (1949)

「座談会: 在日朝鮮人の生活と意見」.『中央公論』67-10 (1952)

金広志・李教舜.「在日朝鮮人の職業と商工業の実態」『朝鮮月報』第3, 4号 (1957)

朴慶植.「日本帝国主義下に於ける在日朝鮮人運動」.『朝鮮月報』第4, 6号 (1957)

姜在彦.「朝鮮人運動」. 大河内一男等編.『社会主義講座 第8巻日本の社会主義革命』
　　　(河出書房, 1957)

雑誌親和編輯部.「在日朝鮮人の人口のあり方(一, 二, 三)」.『親和』第31, 33, 35号
　　　(1956)

기타 잡지 『民主朝鮮』, 『花郎』, 『警察時報』의 게재 논문

이 책은 박재일의 『在日朝鮮人総合調査研究』 제2판(1979년)의 영인본을 번역한 것이다. 1957년에 초판 발행한 박재일의 본 저서는 재일코리안의 역사적 기원과 전전과 전후의 재일코리안의 생활에 대한 전체상을 실증 자료를 모아 수정하고 재해석하며 치밀하게 파악한 최초의 연구이다.

그 연구사적 의의는 재일코리안의 이동과 인구, 직업, 밀집 지역과 거주, 교육, 범죄 등 재일코리안 관련 연구에서 일본 연구자, 한국 연구자, 재일코리안 연구자에 의해 최근에 이르기까지 빠짐없이 지속적으로 선행연구나 근거 자료로 인용되고 있다는 점에서 평가할 수 있다. 또한 일본변호사연합회가 유엔인권위원회에 제출한 조선인 강제 노무동원 관련 자료에서도 선행연구로 인용, 제5차 한일회담 예비회담 제11차 일반청구권소위원회에 한국 측이 강제징용 관련 자료로 제시하기도 했다. 한편 일본의 인구조사와 인구 정책 수립에 있어서 중요한 역할을 하고 있는 국립사회보장 · 인구문제연구소가 간행하는 『인구문제연구』는 2019년 12월에 특집으로 〈동아시아, ASEAN국가의 인구 고령화와 인구 이동에 관한 종합연구〉를 기획, 「동아시아의 인구 문제와 그 기원」 편에서도 사용하고 있다.

물론 박재일이 자체 조사하거나 생산한 자료가 아니라 조선총독부, 경찰, 내무성, 각 지자체 등 일본의 행정 부처의 자료를 토대로 재일코리

안 관련 자료를 추출하고, 여러 자료를 상호 대비, 보완하면서 재일코리
안 생활의 구조와 전체상을 파악하고자 부단히 노력한 결과 완성된 재
일조선인 종합조사 연구이다. 전후 초기에 이루어진 연구라는 한계로
인해 제시된 자료의 출처나 서지사항에 다소 오류가 발견되지만, 그럼
에도 박재일 저서가 갖는 재일코리안 연구의 선구성은 빛바래지 않는다.
원문에서는 빠진 서지사항을 대부분 찾아서 제시했고, 부정확하고 틀린
부분도 수정해서 자료의 출처, 참고문헌은 원문과 다소 달라져 있음을
밝혀둔다.

   강재언의 「재일조선인 도항사」, 박경식의 『조선인 강제연행의 기록』
과 더불어 재일코리안 초기 연구로 언급되고 인용되는 박재일의 저서이
지만 앞의 두 연구만큼 조명받기를 바라는 것이 옮긴이의 개인적 소감
이다. 이에 동국대 일본학연구소 번역총서로 나올 수 있게 되어 기쁘게
생각한다. 재일코리안의 생활 관련 통계자료뿐 아니라 당시 일본 사회
에서의 재일코리안의 법적 지위와 처우 문제, 한일회담에서의 논의, 그
에 대한 박재일의 문제의식과 제언에도 현재의 한일관계, 재일코리안
문제로 이어지는 현재성을 발견하며 연구사적 관심이 더욱 높아지기를
기대한다.

                                        옮긴이를 대표해서
                                           이지영

옮긴이

이지영

일본 쓰쿠바대학(筑波大学)에서 박사학위를 받고, 현재 동국대학교 일본학연구소의 전문연구원으로 재직 중이다. 일본의 젠더정치, 이주·이민, 다문화정책 등을 주된 연구 분야고 하고 있다. 저서로『저출산시대의 가족정책 젠더, 가족, 그리고 국가』(한울아카데미, 2019, 공저),『페미니즘의 관점에서 본 다문화주의』(한울아카데미, 2017, 공저),『경쟁과 협력의 한일관계』(논형, 2016, 공저) 등이 있다.

박양신

일본 홋카이도대학(北海道大学)에서 박사학위를 받고, 현재 가천대학교 아시아문화연구소의 책임연구원으로 재직 중이다. 근대 일본의 정치사상사, 대외인식론, 식민정책학 등을 주된 연구 분야로 하고 있다. 저서로『陸羯南 : 政治認識と対外論』(岩波書店, 2008),『동아시아 예술담론의 계보』(너머북스, 2016 공저),『제국일본의 문화권력 3』(소화, 2017, 공저) 등이 있고, 역서로『한단어사전 문화』(푸른역사, 2013) 등이 있다.

동국대학교 일본학연구소 번역총서

재일조선인에 관한 종합조사 연구

2020년 6월 17일 초판 1쇄 펴냄

지은이 박재일
옮긴이 이지영 · 박양신
펴낸이 김흥국
펴낸곳 보고사

등록 1990년 12월 13일 제6-0429호
주소 경기도 파주시 회동길 337-15 보고사
전화 031-955-9797(대표)
　　　 02-922-5120~1(편집), 02-922-2246(영업)
팩스 02-922-6990
메일 kanapub3@naver.com / bogosabooks@naver.com
http://www.bogosabooks.co.kr

ISBN 979-11-6587-013-3　93910
　　ⓒ 이지영 · 박양신, 2020

이 저서는 2017년 대한민국 교육부와 한국연구재단의 지원을 받아
수행된 연구임(NRF-2017S1A5B8059712)